El poder del perdón

El poder
del perdón

Perdona y
    serás perdonado

T.D. Jakes

ATRIA ESPAÑOL
Nueva York Londres Toronto Sídney Nueva Delhi

ATRIA ESPAÑOL

A Division of Simon & Schuster, Inc.
1230 Avenue of the Americas
New York, NY 10020

Primera edición en rústica de Atria Español, abril de 2013

ATRIA ESPAÑOL y su colofón son sellos editoriales de Simon & Schuster, Inc.

Para obtener información respecto a descuentos especiales en ventas al por mayor, diríjase a Simon & Schuster Special Sales al 1-866-506-1949 o a la siguiente dirección electrónica: business@simonandschuster.com.

La Oficina de Oradores (Speakers Bureau) de Simon & Schuster puede presentar autores en vivo en cualquiera de sus eventos. Para más información o para hacer una reservación para un evento, llame al Speakers Bureau de Simon & Schuster, 1-866-248-3049 o visite nuestra página web en www.simonspeakers.com.

Impreso en los Estados Unidos de América

10 9 8 7 6 5 4 3 2 1

ISBN 978-1-4767-2538-3
ISBN 978-1-4767-2542-0 (ebook)

Dedico este libro a hombres y mujeres que llevan a cuestas la carga de la negativa a perdonar tantas pruebas, pecados y ofensas en sus vidas. Espero que en sus páginas ustedes encuentren consuelo, fortaleza y esperanza, y ayudados por el poder del perdón se liberen del enorme peso que los agobia.

Contenido

El poder del perdón

Introducción

El porqué

En las reuniones familiares siempre me asombran las personas que me dicen "¡Pero si no has cambiado nada!". Usualmente lo dice alguna tía abuela mientras toma pequeños sorbos de té helado en el porche o el primo que no me deja llegar a las papas fritas y la salsa o algún pariente lejano de mi abuelo paterno que no veía desde mis épocas de acné y frenillos. Esa expresión me irrita porque no parecen ver cuánto he crecido, madurado, evolucionado y cambiado.

Es como si no se me notara cuánto he progresado: soy más exitoso, más influyente, más importante. ¡Por no decir más modesto! Ya no soy aquel pensativo chiquillo regordete que, sentado en la mecedora de la abuela, escuchaba a los adultos evocar tiempos pasados y criticar el atuendo de la prima Lucy. Soy un hombre hecho y derecho que dirige un ministerio internacional y viaja por todo el mundo, escribe libros y hace películas.

Para esos parientes todo parece muy claro, como si pudieran ver la coherencia entre el niño y el hombre. Sin embargo, cuando pienso en cómo era yo de niño, los recuerdos de incidentes de mi niñez no siempre parecen presagiar al hombre en el que me convertí, aunque algunos, vistos a través de este cristal, sí reflejan mi yo adulto. Tendría nueve o diez años cuando un día que regresaba a casa, finalizada mi ruta de entrega de periódicos, me encontré una camada de nueve cachorritos. El cuerpo sin vida de la madre yacía en la cuneta, víctima de la velocidad de algún conductor en esa carretera tan transitada.

Los chillidos de los perritos recién nacidos entre los arbustos cercanos me alertaron sobre su estado de indefensión y de hambre. No se me ocurrió dejarlos allí, lloriqueando por la madre que no volvería a amamantarlos. Acurrucados en la bolsa donde cargaba los periódicos, me los llevé todos a casa y los acomodé sobre una toalla vieja en el fondo de una caja de cartón, mientras ideaba algún plan para aliviarles el hambre.

Vacié un envase de Palmolive líquido para lavar platos y lo llené con leche caliente mezclada, no sé por qué, con un poco de avena, ¡a lo mejor fue el ingrediente que más me recordó comida para bebés! Oprimiendo el envase, alimenté cada cachorrito y así me las arreglé para mantenerlos con vida unos días hasta que sus nuevos amos los albergaron cariñosamente en sus respectivos hogares.

Debo confesar, sin embargo, que pronto deseé haber guardado ese jabón líquido que había botado para poder usar su envase. Me habría servido para limpiar el desastre que los cachorritos provocaron a la mañana siguiente. Porque si algo aprendí acerca de alimentar perritos con leche y avena, ¡es que esa mezcla produce diarrea! Pensé que mi madre me tiraría a *mí* en una cuneta cuando vio la inundación de caca en el porche, el garaje y todo nuestro jardín provocada por mis nuevas responsabilidades.

En favor de los desvalidos

"¿Pero qué tiene que ver ese incidente con el hombre en que se ha convertido?", se preguntarán ustedes. Pues tiene que ver porque aunque no llegué a ser veterinario ni entrenador de perros, el origen de todo fue la dolorosa situación de esos cachorros huérfanos que me llegó al alma con tanta fuerza, que no pude resistir el impulso de ayudarlos, alimentarlos y encontrar una forma en la que además de sobrevivir, prosperaran. No los ayudé porque me sintiera moralmente obligado ni porque ayudarlos fuera lo correcto, no. Sé muy bien que estaba destinado a encontrarlos y disfrutar el gozoso privilegio de ofrecerles lo que yo podía darles.

Reflexiono sobre este recuerdo y veo que es un microcosmos de lo que hago con mi vida ahora, aún quiero cuidar de los desamparados, de quienes están contra las cuerdas o parecen haber tocado fondo, de personas que aparentemente lo tienen todo pero en su interior son emocionalmente huérfanas y se sienten tan indefensas como esos perritos. Personas por las que ya nadie se preocupa y casi se consideran a sí mismas un caso perdido. No me creo Supermán y tampoco soy presa de un complejo mesiánico, como clasifican los médicos a las personas que piensan que deben salvar a otras para sentirse bien ellas mismas. Simplemente soy consciente del propósito que me ha guiado desde esa oportunidad en que hacerme cargo de esos perritos indefensos fue para mí tan natural como mi propia respiración.

En los últimos treinta y cinco años, me he pasado la vida interactuando con una asombrosa diversidad de personas en todo el mundo. He tenido el privilegio de orar con hombres de tribus de las sabanas de África, de hablarles a niños en Nueva Zelanda y de entonar himnos religiosos con mujeres que cumplen su condena en cárceles. He sido continuamente bendecido con esos encuentros y he recibido más de lo que creo haber dado, pues aprendí que es más lo que nos une que lo que nos separa, mayor la luz que la oscuridad y el amor que la violencia.

Sin embargo, no siempre nos vemos a nosotros mismos como nos ven los demás, parientes o extraños, y muy pocas veces relacionamos el momento en que empezamos nuestro viaje con el lugar en el que estamos actualmente. Espero que este libro te ayude a comprender qué es lo que te impide ser el esposo o la esposa que anhelas ser, el padre o la madre que habita en tu interior, la persona creativa que deberías ser, ¡la mejor versión posible de ti mismo! Estas páginas te cambiarán la vida si te tomas a pecho mi mensaje, ¡pero lograrlo no será fácil! No estoy sugiriendo métodos para pulir un poco tu forma de ser sino para llegar a la dolorosa raíz de los problemas que sistemáticamente coartan tu potencial. Pero bien vale la pena hacer el esfuerzo para liberarse del yugo que durante tanto tiempo te ha agobiado.

Deshazte de la máscara

Psicólogos, médicos e investigadores dicen que nuestra personalidad ya está claramente formada y definida cuando apenas empezamos a caminar. Sus estudios indican que cuando llegamos al tercer grado de primaria, han quedado establecidas la mayoría de nuestras motivaciones internas, nuestra capacidad para hacer frente a los problemas y nuestras preferencias personales; y que mucho antes de llegar a la adolescencia ya nos hemos convertido en buena parte de lo que seremos.

Durante los años de formación, la mayoría de nosotros desarrolla una estrategia defensiva que llevaremos como una máscara por el resto de nuestra vida. Empezamos a repetir nuestro propio ciclo de responder en determinada forma a cada experiencia y, con el tiempo, ese ciclo es reforzado por los traumas que experimentamos como muertes, divorcios, traiciones, pérdidas y renovaciones. Indudablemente, nuestra personalidad nos lleva a relacionarnos con el mundo en una forma propia y particular. Muy pronto aprendemos qué nos funciona y qué no nos funciona, cómo atraer la atención y cómo evitarla, cuándo hablar y cuándo callar. En otras palabras, nos encontramos con la vida y aprendemos que de hecho no gira alrededor de nosotros.

Entonces nos vemos forzados a aprender cómo acomodarnos a la vida en sus propios términos. Tal vez hayamos sido bendecidos con padres amorosos y un hogar acomodado, pero de todos modos tendremos que hacer frente a que nos saquen del equipo, a una mala nota o al rechazo de esa chica bonita en el baile. Pero también es posible que hayamos crecido en un hogar empobrecido y disfuncional, luchando por sacar buenas notas para obtener una beca, dada nuestra situación económica. En cualquier caso, nos condicionamos a que la vida funcione en determinada manera y también a interactuar de cierta forma con quienes nos rodean.

Por consiguiente, aprendemos que la vida no es equitativa, que no se pliega a nuestros deseos y que la fe sin mucho trabajo duro puede ser terriblemente decepcionante. Aprendemos en la calle las lecciones que no aprendimos en las aulas, y adquirimos herramientas educativas que nos llegan a través de altercados y falsedades. Si no nos defendemos, nos pasarán por encima. Si no pedimos y tomamos lo que queremos, nadie leerá nuestra mente para dárnoslo. Si no luchamos por nosotros mismos, nos ganará el temor de no poder salir adelante jamás.

Por consiguiente, aprendemos, nos adaptamos y acomodamos para hacer frente a la vida al paso de nuestras decepciones personales, pérdidas privadas y fracasos públicos. Esta forma propia de relacionarnos, pronto se convierte en una armadura que nos sirve para protegernos de los obvios maltratos de los demás y abrigar nuestro corazón del frío que puede generar una tormenta inesperada. Pero a menudo, esa armadura se vuelve obsoleta, deja de servirnos para su propósito original y se convierte en un maltrecho vendaje para esa parte de nosotros que guarda nuestros más profundos temores y crueles heridas.

Abandonada a su suerte, ignorada o descuidada, esa parte de nosotros es propensa a infectarse como cualquier herida. Posiblemente funcionemos bien, incluso con logros y éxitos, pero esa parte sigue latente, nos duele y nos recuerda lo que nos hizo daño en el pasado. Para sentirnos plenamente saludables y completos, necesitamos sanar esa parte que está lastimada, herida, dañada, lesionada, infectada, pues si no lo hacemos la infección crecerá y seguirá socavando lenta y gradualmente todas las áreas de nuestra vida.

Lo notemos o no, esa infección contamina nuestros dones, talentos, sitios de trabajo, nuestras relaciones y todos los aspectos y áreas de nuestra vida. Igual que una infección física interna puede envenenarnos la sangre, que a su vez la propagará por todo nuestro organismo, esta infección emocional se propaga y afecta todos los aspectos de nuestra vida, nuestra capacidad de interactuar con los compañeros de trabajo, hacer nuevas amistades, invitar a salir a alguien, etc.

La máscara que una vez fue nuestra protección, el escudo que protegía una herida personal de otros traumas, a menudo evoluciona hasta volverse un pesado sudario que asfixia toda vida en nosotros. Acabamos reaccionando en forma exagerada a las críticas negativas de los demás y captando mensajes que jamás nos han enviado. Quedamos presos de la mascarada generada por nosotros mismos hasta el punto de no estar seguros de quiénes somos realmente. Si no logramos encontrar la manera de procesar efectivamente la toxicidad de nuestros traumas pasados, no solo ponemos en peligro nuestro propio bienestar, sino que nos arriesgamos a infectar a las generaciones venideras con los mismos gérmenes de la dolencia que nos aqueja.

No bebas el agua

Recuerdo que de niño hablaba sin parar mientras mi madre me escuchaba atentamente, sentada frente a mí. No tengo idea de qué tanto le contaba, tal vez típicas historias infantiles de lo ocurrido ese día en la escuela, lo aprendido en clase de geografía o con quién había jugado en el recreo. Pero mi madre siempre escuchaba y me hacía sentir importante. Aunque estuviera doblando la ropa limpia, ella giraba para mirarme a los ojos y mostrarme que estaba escuchando con toda el alma.

Cuando años más tarde le pregunté si ella recordaba esos tiempos, me dijo "Claro que sí. Quería escuchar cada palabra tuya, no porque fuera increíblemente importante, sino porque quería que supieras que tú eras increíblemente importante. Si prestamos atención a un niño, le estaremos demostrando que sus ideas son valiosas. Si hacemos caso omiso de lo que un niño nos dice, lo estaremos subvalorando y enseñándole que a nadie le importa lo que él piense".

Investigaciones y estudios han demostrado que muchas personas se vuelven introvertidas para sobrellevar la agresión de relaciones sostenidas en su niñez. No necesariamente es el maltrato o el descuido lo que precipita ese tipo de traumas; un chiquillo sensible simplemente puede captar las complejas emociones de quienes lo rodean y esa carga emocional se vuelve demasiado grande para el niño, que debe recurrir a su interior para obtener seguridad en su propio caudal de pensamientos, ideas y emociones, pero ese proceso lo deja exhausto y el pequeño no alcanza a procesar la carga psicológica y emocional que ha asumido.

Creo que hasta cierto punto, todo el mundo hace eso. Los padres deben atender múltiples frentes al mismo tiempo y están tan ocupados procurando mantener comida en la mesa y techo sobre la familia que, sin querer, a menudo envían confusos mensajes a sus hijos. Les dicen que los aman, pero no se toman el tiempo para sentarse y escuchar acerca del informe del libro, las pruebas de baloncesto o el chico bien parecido que podría invitar a su hija al baile. Todos queremos mantener nuestras relaciones y añoramos amar y ser amados, pero a todos nos toca experimentar la dolorosa decepción que traen aparejada los rechazos, el abandono o la falsedad.

Cuando ya somos adultos, madura nuestro deseo de tener una relación y se vuelve más profundo aunque las experiencias de nuestra vida nos hayan enseñado que al amar a otros se corre un riesgo que a menudo genera sentimientos heridos, dolorosos malentendidos e inesperadas decepciones. Muchas veces, sin darnos cuenta, nos vamos volviendo cínicos y escépticos. La amargura se asienta en las aguas subterráneas de nuestra alma, lentamente va permeando todo nuestro ser y no aprendemos a sortearla, ni a filtrar los sedimentos y cuerpos extraños que nos bloquean y envenenan por haberla dejado libre.

Tener este problema no es bueno ni malo, simplemente es humano. Somos malinterpretados. Sin embargo, llevar a cuestas ese impedimento finalmente acaba por permear todo lo que hacemos. "Bienvenido a JC Penney, ¿en qué puedo servirle?", lo revela; "¿Te gustaría que cenáramos juntos este fin de semana?", lo muestra; y "No puedes llegar más tarde de la hora que te indicamos, ¡jovencita!", lo ilustra. Quizá no seamos totalmente conscientes del silencioso pero inconfundible mensaje que envían nuestros ojos, voz, lenguaje corporal, peculiaridades, actitud y entonación, pero el hecho es que está ahí y nuestros clientes, compañeros de trabajo, cónyuges e hijos, lo captan perfectamente.

Alguna vez Jesús preguntó a sus discípulos: "¿Quién dice la gente que soy?". Después de conocer lo que decían en las calles, les preguntó a sus doce seguidores: "¿Quién dicen ustedes que soy?". Y de los doce ¡once no respondieron nada! Habían dejado su trabajo, su familia y su vida para seguir a este hombre que aseguraba ser el Hijo de Dios, y aun así solo uno de ellos le pudo decir quién pensaban ellos que era Él realmente. A menudo, después de años de haber dado mucho en nuestra relación con otras personas, nos impacta y decepciona ver que ellas simplemente no saben quiénes somos en realidad. Pronto aprendemos que a nuestras relaciones no solo llevamos contaminantes que afectan la manera en que las percibimos y nos perciben, sino que quienes nos rodean también tienen su propia contaminación. Es posible que todos estemos haciendo y diciendo lo correcto, pero por debajo de todo eso nuestras necesidades, temores y motivos personales implícitos en nuestras palabras y acciones, e incluso silencios, van colándose y ofrecen solo ambigüedades donde la vida exige respuestas definitivas.

Cuestiones externas

Todos esos desechos, todas las pequeñas piezas y partículas de esas cosas externas, se adhieren a nosotros como una capa de humo. No hay que estar cerca del que fuma para que una fina y delgada película de humo nos impregne la ropa, la piel y el cabello. Puede ser que nosotros mismos ya no lo sintamos, pero los demás sí lo perciben apenas entramos a algún sitio.

Alguna vez mi médico me dijo que en mi organismo llevo un virus similar al de la mononucleosis, que a veces me hace sentir fatigado y exhausto. Le pregunté cómo lo había adquirido y me dijo que muy probablemente lo había atrapado por estar siempre expuesto a grandes cantidades de personas. En todos nosotros se desarrolla una afección similar por nuestra propia exposición a tantas personas en el transcurso de nuestra vida. Somos vulnerables a las lastimaduras, penas y desilusiones que son producto de casi toda intervención humana.

Tu corazón dice amor, tus labios quieren articular el mismo mensaje, pero en algún punto entre tu corazón y tu lengua, las cuestiones externas afectan no sólo lo que dices, sino cómo lo dices, si es que respondes. Las cuestiones externas se convierten en cuestiones de formación y se origina un malentendido. Conoces el sentimiento. Estás solo en medio de mucha gente, casado pero sintiéndote solo, comprometido pero indiferente a la vida. El problema lo permea todo.

Aprendemos a arriesgarnos haciendo pequeñas consignaciones en nuestras relaciones con otras personas. Con base en esas consignaciones, determinamos si debemos dedicarles más tiempo, atención y espacio en nuestro corazón. A medida que vamos encontrando personas que nos decepcionan, que dicen una cosa y hacen otra, que prometen más de lo que pueden cumplir, vamos aprendiendo a limitar mucho las consignaciones y también las inversiones reales.

Sin embargo, la vida nos exige inversión total para alcanzar el éxito. Cuando nuestro organismo se ha infectado, los médicos esperan a que la infección haya sido detenida y erradicada antes de practicar una cirugía o cualquier procedimiento correctivo. En forma parecida, nosotros debemos detener la propagación de nuestra dolencia en su punto de origen; pues de otra manera el ciclo se repetirá continuamente en un circuito sin fin de lo mismo.

Muchas veces sabemos lo que nos gustaría hacer y sin embargo nunca nos dedicamos a avanzar en esa dirección para progresar. Parece que no pudiéramos armarnos de valor para volver a la universidad, salir con alguien, darnos permiso de enamorarnos, de convertirnos en padres, de empezar un negocio nuevo. Quiero que encuentres tu mejor ser. El éxito siempre es intencional. Nadie sube por accidente a la tarima para recibir un diploma universitario. Nadie cruza la meta de una maratón porque se perdió en el bosque. Ninguna persona exitosa se despierta un día preguntando: "¿Dónde estoy? ¿Cómo llegué aquí?".

Un depósito parcial no rinde el tipo de resultados necesarios para triunfar en la vida. Las cuestiones externas limitan nuestra capacidad de invertir consignaciones sanas y sostenibles. Acabamos atrapados en un solo lugar, siempre corriendo en la misma rueda sin fin y nos preguntamos por qué no progresamos aunque tratamos de hacerlo y corremos más rápido. Las cuestiones externas te paralizan: consumen tu energía y tu creatividad, tu productividad y tu capacidad de imaginarte la vida de otra manera. Limitan seriamente tu capacidad para aprovechar todo el potencial que Dios te ha dado.

Es como si fueras un auto de ocho cilindros subiendo la cuesta de una colina; pero como no cuentas con la potencia de todos los ocho cilindros, debes esforzarte y luchar con los pocos que están funcionando para vencer la pendiente. No puedes dedicar toda tu energía a la tarea que te ocupa y no alcanzas a subir la colina sin agotar tus ya limitados recursos. En cuanto a tu cuerpo, sabes que debemos comer sanamente y ejercitarnos con regularidad si queremos que nuestro cuerpo funcione bajo presión, sea en una maratón o simplemente encestando con los chicos en el aro del garaje, antes de cenar.

Si sabemos que para responder a niveles extremos nuestro auto y nuestro cuerpo requieren de un buen mantenimiento, ¿entonces por qué no aplicamos lo mismo a nuestra personalidad? Son muchas las veces que somos simplemente incapaces de poner todo nuestro ser sobre la mesa. Mostramos solo una cantidad limitada de nuestras verdaderas capacidades. La gente que nos rodea ve el 60 o el 40 o el 25 por ciento de lo que realmente somos y lo que verdaderamente somos capaces de hacer. Nos pasa como a un corazón con una arteria bloqueada, que solo permite la oxigenación y bombeo del 20 por ciento de la provisión de oxígeno del cuerpo; forzados a arreglárnoslas con esa provisión limitada, nos preguntamos por qué jadeamos en busca de aire cada vez que damos unos cuantos pasos de más.

Mereces vivir tu vida al ciento por ciento. Tienes derecho a ocupar todo tu ser en esa tarea. Esta temporada de tu vida podría ser realmente la mejor de todas. Finalmente estarías operando a toda máquina, propulsando tus sueños con los ocho cilindros funcionando a toda velocidad y ¡todos los pistones impulsándote con sus nuevos puntos de contacto y bujías!

Esperanza rehabilitadora

¿Por dónde empezamos? Me encanta que lo preguntes porque el catalizador es justamente lo que acabas de poner en práctica: hacer las preguntas correctas. Con demasiada frecuencia se nos recomienda que no hagamos preguntas, especialmente preguntas relacionadas con nuestra fe y los caminos de Dios. Pero, si a los estudiantes no se les permitiera preguntar, ¿cómo aprenderían? Si no se les permite hacer preguntas, se les priva de la oportunidad de aprender por sí mismos, y de ser dueños y usuarios de la investigación como herramienta educativa.

Podemos verlo en el desarrollo de los niños. Más o menos cerca de los "terribles dos años", los niños empiezan a hacer preguntas una tras otra, en lo que usualmente se convierte en letanías de un "¿por qué?" tras otro "¿por qué?": "¿Por qué debo tomar una siesta, mami?" "Bueno, para que puedas tener el descanso necesario para que tu cuerpo crezca muy grande y fuerte". "¿Por qué mi cuerpo necesita descanso para volverse grande y fuerte?" "Bueno, para que puedas recuperar la energía después de todo lo que jugaste esta mañana". "¿Por qué perdí energía mientras jugaba esta mañana?". Si ya eres padre, ¡entonces sabes cómo es la cosa! Sabes que puede llegar a parecer una tortura implacable infligida por un abogado de dos años empeñado en obtener una declaración sobre los fundamentos del diario vivir.

Pregúntate a ti mismo: "¿Cómo llegué a este punto en mi vida? ¿Es aquí donde quiero llegar? ¿Para dónde pensaba que iba? ¿Estoy viviendo la vida que realmente estaba destinado a vivir? ¿Estoy satisfecho con la cantidad y calidad de las relaciones en mi vida?" Te reto a que evalúes sinceramente lo que estás cargando en este momento. Deshazte de todo eso y déjalo ir.

No sé por qué los once discípulos no dieron con quién era realmente Jesús, pero podría haber una razón por la cual la gente no capta lo que eres tú. No eres una mala persona; eres una buena persona de buen corazón. No hay en ti nada malo que no se pueda cambiar. La infección que has padecido toda tu vida no los deja acercarse, obstaculiza su respuesta hacia ti. No has recibido lo que deberías y es muy probable que esa infección lo haya impedido.

La mayoría de las personas no son muy conscientes de sí mismas, no han sido condicionadas para conocerse a sí mismas. Y si no somos conscientes de todos los desechos negativos que pasan bajo el puente de nuestro corazón, entonces se dificulta mucho más la esperanza de un cambio real. Un artículo reciente del Trinity Forum sobre fe, iglesias, delincuentes y el cambio, ofrece una admonición sencilla pero no simplista: a más Dios, menos delitos, más atención a la formación del carácter y más esperanzas de reformar el carácter. El artículo asegura que la cárcel jamás es una experiencia neutral y tiende a explotar y reforzar las debilidades de carácter que de entrada llevaron a la persona a prisión.

Una vez que ciertos patrones quedan establecidos es muy difícil cambiar nuestras condicionadas posturas preestablecidas. Muchos nos preguntamos si es posible un cambio verdadero de las personas que pagan su condena en las cárceles, y si fuéramos sinceros también nos lo preguntaríamos con respecto a nosotros mismos. Todos hemos tenido incidentes y altercados, accidentes y restricciones que nos han dejado cicatrices, callosidades y nos han vuelto vacilantes. Nos hemos convertido en saboteadores involuntarios de nuestro propio destino, condenándonos a una cadena perpetua de mediocridad.

Estamos predispuestos a percibir los acontecimientos de

nuestra vida y responder a ellos con base en nuestros primeros condicionamientos y refuerzos repetitivos. Si actuamos como si jamás fuéramos a triunfar, los demás nos verán como personas sin la garra necesaria para lograrlo. Si proyectamos un aire de amargura que proviene de las desalmadas críticas recibidas en nuestra niñez, los demás nos evitarán para eludir la cáustica atmósfera que nos rodea.

Derechos de nacimiento

Jesús dice que debemos ser como niños pequeños para heredar el reino de Dios. Pero recuerda que eso lo dice a hombres hechos y derechos y, al hacerlo, nos está advirtiendo de que debemos volver a nuestros inicios, a nuestras raíces, y empezar de nuevo. Para retomar el camino del destino divino que nos corresponde, debemos soltar los desechos, arreglar el desorden y hacer borrón y cuenta nueva para empezar, recuperando la sabiduría intuitiva de nuestra inocencia infantil.

Parece una tarea difícil, y como adultos nos lleva a preguntarnos cómo es que en su vejez, un hombre podría volver al vientre materno, que es precisamente lo que Jesús recomienda. Atrevámonos a correr el riesgo de vivir, amar y creer con la ingenua sencillez de la fe, de traer todo nuestro ser a ese preciso momento, de pasar de hacer desganadas consignaciones a hacer la inversión de una vida que valga la pena vivir. En la medida en que nos deshagamos de nuestros desechos, de todo ese detrito emocional que ha taponado nuestras válvulas y evitado que funcionemos a plena capacidad, nos re-descubriremos a nosotros mismos, a nuestro mejor ser, y entonces todos los que nos rodean cosecharán la recompensa del tipo de inversiones que separa a los retadores de los campeones.

Admito que deshacerse de los desechos no es fácil y, al igual que el éxito, debe ser un acto deliberado. Si seguimos fieles a lo que nos ha pasado, los que nos rodean no podrán percibir nuestras intenciones. Porque nuestras intenciones no necesariamente surgen de nuestras acciones, y los muchos mecanismos de defensa que hemos implementado para prevenir la posibilidad del dolor sí nos debilitan. Dejar atrás el pasado requiere una tremenda dosis de coraje, la eliminación de los desechos demanda una gran persistencia, pero si crees como yo que la recompensa bien vale la pena ese esfuerzo, entonces empecemos a trabajar en ello.

¿Cómo volver a ser niños y empezar de nuevo? Contamos con la convincente sabiduría del profeta Ezequiel, cuyas palabras de Dios para el pueblo de Israel hoy resuenan para nosotros con potencia similar. Él escribió: "Cuando naciste, el día que viniste al mundo, no se te cortó el cordón, no se te lavó con agua para limpiarte, no se te frotó con sal ni se te envolvió en pañales. Ningún ojo se apiadó de ti para brindarte algunos de esos menesteres, por compasión a ti. Quedaste expuesto en pleno campo, porque dabas repugnancia el día en que viniste al mundo. Yo pasé junto a ti y te vi agitándote en tu sangre '¡Vive!'" (Ezequiel 16:4-6, NIV – Nueva Versión Internacional).

Esta metáfora describe el nacimiento de una criatura que no sufre maltrato ni trauma sino que, por simple descuido, se encuentra en circunstancias que amenazan su vida. A menudo no es lo ocurrido sino lo que no ha ocurrido aquello que nos ha moldeado hasta convertirnos en lo que somos. Pero aquí el cordón no fue cortado, lo que implica que seguimos atados al sitio donde empezamos, incapaces de liberarnos y vivir independientemente como era el propósito de nuestro Creador. El desecho del proceso de nacimiento no fue eliminado, en esa limpieza que es esencial para pasar a la próxima etapa de nuestra vida. Y como no se agregaron los componentes sanadores, no podemos experimentar un restablecimiento completo de nuestra salud.

A pesar de esa terrible negligencia, Dios dijo una sola palabra, que fue "¡Vive!". Nadie puede retroceder para cambiar las circunstancias de las que proviene, pero nunca es demasiado tarde para que regrese y corte su propio cordón, limpie los desechos, consiga lo necesario para sanarse y liberarse. Todos los que nos rodeen notarán la diferencia cuando vean nuestro ser libre de trabas, porque recibió la sal y fue lavado hasta quedar limpio, y se den cuenta de que nos hemos liberado de las secuelas de traumas pasados.

Igual que un bebé que ya no necesita el cordón umbilical, se nos está retando a que cortemos todos los cordones del abuso y negligencia del pasado y nos lancemos a nuestra nueva vida con la valentía de los niños. Los niños dicen francamente lo que sienten, perdonan con rapidez y corren afuera a jugar. Ellos abrazan a la misma mamita que anoche les dio una zurra, juegan con el mismo amigo que ayer se burló de ellos e imaginan que entre las grietas del cemento de las aceras crecen jardines enteros. Siempre hacen frente a la vida con su ser más auténtico. ¿No sería maravilloso ser niños de nuevo?

¡Aún no es demasiado tarde para reclamar tus derechos de nacimiento! Este es un momento excelente para que descubras que eres quien estabas destinado a ser. Como un recién nacido que sale del vientre de su madre, podemos encontrar la gracia en cada nuevo día para renacer una y otra y otra y otra vez. Y eso es lo que hace a la gente maravillosa y excitante e interesante. Esa capacidad de cambiar, crecer y madurar es la que convierte a las personas en un activo valioso para una compañía, en un gran amigo para otra persona, en excelente compañero para sus pares, y padre compasivo para cada uno de sus hijos.

Cada día es fascinante y trae consigo un potencial interminable porque no está contaminado por los estorbos de ayer. Si aplicáramos este principio del renacer en nuestras vidas, cada hombre encontraría una esposa nueva en su esposa de siempre, cada empleador un nuevo empleado en su empleado de siempre, y nosotros mismos encontraríamos nuestro nuevo ser a quien se le cortó el cordón, se limpió y se impuso la sal porque tendríamos nuevos el corazón, la cabeza y la mente.

No importa la edad que tengas, puedes ser niño de nuevo. Los que hemos vivido veinticinco o más años conocemos la urgencia que se intensifica dentro de nosotros cuando queremos cambiar, recapturar el momento de nuestras primeras esperanzas, recoger la cosecha de nuestro sembrado de sueños. En un hogar de ancianos ya es demasiado tarde para hacer realidad nuestros sueños. No podrás alcanzar tu pleno potencial si estás incapacitado por una vida asistida. Erradicar la tóxica infección de tu corazón herido es la necesidad más urgente que tienes. Y no da espera.

La lectura de este libro puede ser el paso más importante que puedas dar ahora mismo hacia la sanación personal y el progreso profesional. Lo que importa no es cómo empieces la carrera sino cómo la termines. Antes de que sea demasiado tarde, ¡déjalo todo atrás! Es tiempo de empezar la nueva vida para la cual estabas destinado. Es el momento de *prosperar*.

Para abrazar la vida que te espera, descubre el poder del perdón y *¡déjalo todo atrás!*

Uno

Grandes y pequeños

Debo confesar algo y quiero que lo escuches directamente de mí. Es acerca de ciertas personas que amo. *¡Amo a las personas que tienen ideas grandes!* Amo su forma de ver el mundo como un magnífico paisaje de crecientes posibilidades. Donde otros ven montañas insalvables o aguas traicioneras, esas personas ven enormes oportunidades y horizontes sin límite. Me encanta escucharlas porque mis propias ideas se nutren de su forma de pensar. Creo que el discurso de cada quien es en buena parte resultado de su propia perspectiva y, generalmente, la perspectiva de las personas está a la altura desde la cual piensan.

Te daré un ejemplo muy literal. Alguna vez que mi esposa y yo ocultábamos los regalos de Navidad de nuestros hijos, caí en cuenta de la divertida propensión de ambos a esconder los juguetes de acuerdo con nuestra respectiva estatura. Mi esposa rara vez oculta un regalo en un sitio alto, siempre lo hace en un lugar a su alcance. Comparada conmigo, ella es de estatura relativamente baja, de modo que siempre que oculta algo, lo hace en sitios bajos. En cambio, yo oculto los juguetes de los niños encima del clóset o en algún ducto de aire en el cielorraso, porque mi punto de vista refleja mi estatura. Mi esposa no se oponía a esconderlos en lugares altos, simplemente no se le ocurría ocultarlos por encima del nivel de sus ojos. Sus ideas eran un reflejo de su estatura.

Desde su fundación nuestro país ha sido una nación de grandes ideas. Si retrocedemos un poco más de tres siglos, un período relativamente corto en la historia del mundo, vemos que la mayoría de las comodidades que hoy disfrutamos como los aviones, la electricidad, los trenes y los automóviles, no existían. Antes del siglo veinte no teníamos acceso a las computadoras, hornos microondas o teléfonos celulares y mucho menos teléfonos en los autos. Tampoco había quimioterapia o grandes cirugías como trasplantes de corazón o riñón y mucho menos investigaciones sobre células madres.

Cuando consideramos todo el tiempo que el hombre ha existido, es realmente asombroso que la mayoría de las comodidades hoy comunes en nuestra vida diaria solo surgieran en los dos últimos siglos. Su creación revela que el catalizador de las ideas grandes y de su producción en masa han sido las generaciones más recientes.

Nuestro país ha prosperado porque por varias generaciones hemos sido una nación de ideas grandes. Las ideas grandes provienen de personas visionarias que desafían la norma, piensan diferente e inventan el mundo que ven en su interior, en lugar de someterse a las limitaciones de los paradigmas del momento.

Posiblemente te estés preguntando "¿De qué está hablando? ¡Creí que este era un libro para dejar atrás al pasado y encontrar la gracia del perdón! ¿Por qué sigue hablando de ideas grandes?". Me alegra que lo preguntes. Verás, tal como la idea del turborreactor, el avión de combate, el Internet, la neurocirugía o la investigación de células madre, la del perdón es una idea grande. Para presentar y practicar el perdón con efectividad se necesita una persona que tenga más ideas grandes que pensamientos relativamente pequeños. ¿No te parece? Profundicemos en este concepto para comprobar su validez.

Desecha la idea de vengarte

Hace algún tiempo fui invitado a un programa de *Oprah* para hablar del abuso sexual. La gente enfureció cuando sugerí que es importante que de solamente decir lo mala que ha sido la persona que comete esos actos atroces, pasemos a la idea (a mi modo de ver) más grande de mostrar a esa persona que puede obtener el perdón y la rehabilitación. Algunas de las otras personas invitadas estaban demasiado enojadas para pensar por encima del nivel de las atrocidades de que habían sido víctimas y se refugiaron en su ira como en una frazada familiar que les proporciona calor y consuelo, sin caer en cuenta de que al hacerlo así ellas mismas asfixian su propio futuro. Tampoco pudieron aceptar que los posibles futuros autores de esos delitos jamás buscarán ayuda si saben que no tienen la menor oportunidad de ser perdonados ni rehabilitados.

Aunque todas las mujeres que contaron sus historias ese día en el programa tenían razones que justificaban su odio y su enojo, la realidad es que el veneno de una furia implacable no intoxica al autor del crimen sino que aprisiona a la víctima. Al negar el perdón, la víctima pierde la posibilidad de liberarse y queda presa de lo que ocurrió, encarcelada por su trauma, al eliminar ella misma la oportunidad de escaparse de su dolor.

Esta verdad sobre el perdón la hemos visto representada a escala mayor. Cuando ultrajadas y furiosas mujeres de Sudáfrica gritaron las horribles atrocidades que sufrieron bajo el apartheid, Nelson Mandela y los miembros del Congreso Nacional Africano (ANC) fueron conscientes de que una idea pequeña como la venganza podía destruir la idea mucho más grande de sanación y supervivencia de su país. Si ellos se hubieran concentrado solamente en ese deseo temporal de justicia y castigo inmediato, ignorando la necesidad mucho más importante de conformar un gobierno incluyente, funcional y sano en una nación lacerada por el dolor de sus males, su patria jamás habría sobrevivido.

El Concejo Nacional de Provincias (NCOP) se creó para escalar otro nivel al otorgar inmunidad diplomática a personas que no la merecían, con el fin de proteger la necesidad mayor que era la supervivencia de la nación. La idea grande era la del perdón; la idea pequeña, por justificable que pareciera, era la del odio, resentimiento y venganza. Sudáfrica sobrevivió porque sus dirigentes eligieron la idea del bien para todos por encima de la de venganza para algunos.

Cuando el Dr. King se resistió a la tentación de su propia ira sometiéndose a la idea mucho más grande de un movimiento no violento guiado y conformado por gente que estaba justificadamente enojada, él preservó el futuro y cambió nuestro mundo. Aquellos que albergaban las ideas más pequeñas de crear nuestro propio país o dar muerte a los autores de delitos racistas que habían abusado de nuestros padres y violado a nuestras madres, habrían saciado nuestra humana necesidad de castigo, pero también habrían acabado con nuestra forma de vida. Sobrevivimos porque nos atrevimos a actuar dentro de la idea grande del perdón y no nos sometimos a las ideas pequeñas de venganza y represalia. Y fue así como la esperanza de hombres y mujeres que se atrevieron a soñar a una escala superior a todo lo que antes habían visto, sorteó la destrucción que habría sido el inevitable resultado de pensar a escala tan pequeña.

Como los indios americanos relegados a reservaciones en las que solo se puede ser dirigente de una pequeña área autorizada por el gobierno, muchos de nosotros preferimos permanecer en una reservación en lugar de escapar al mundo mucho más amplio que nos asimila, incluye y acepta. En otras palabras, la gente que no perdona neutraliza sus propias posibilidades de crecimiento. Inevitablemente, esas personas acaban atrapadas por las repercusiones de un liderazgo que se mantiene dentro del mezquino contexto de un pensamiento, haciendo caso omiso de la necesidad general de trascender el inconveniente del momento. Tal como muchos indios americanos lo han hecho, debemos pensar más allá de la reservación y seguir adelante.

Cuando escribo en blogs y en Facebook, a menudo me asombran los cristianos que jamás abandonan su propia reservación y solo pueden ver o pensar desde su perspectiva cristiana, sin atreverse a evaluar otros puntos de vista desde una perspectiva más amplia. Prefieren sacrificar un líder excelente porque no es cristiano según su definición de lo que debe ser un cristiano, o limitar la discusión a uno o dos puntos, a costa de la idea más grande que es lo bien que ese líder sea capaz de dirigir el país.

Causé revuelo en mi iglesia cuando anuncié que me interesaba mucho más encontrar un cirujano que fuera excelente operando, que encontrar uno que votara como yo en política o compartiera mis ideas sobre la fe. Les expliqué que de un cirujano me interesa más el registro de recuperación exitosa de sus pacientes que su opinión sobre la teología escatológica. Solo me interesa saber si él puede hacer el trabajo, ¡no si enseña en la escuela dominical de la *First Baptist*!

En una mesa de operaciones bien podemos sacrificar la idea pequeña de nuestro propio punto de vista teológico por la idea superior de la competencia de un cirujano. Si logramos tenerlas ambas, ¡maravilloso! Pero no voy a rechazar los servicios de un cirujano excelente solo porque a mí no me guste su equipo de fútbol favorito o su religión.

Permite el cambio

Al considerar este modelo de pensamiento para aplicarlo en nuestra propia vida, debemos preguntarnos, ¿el hecho de condenar a cadena perpetua sin esperanza de libertad condicional al autor de un delito, realmente nos protege de la creciente posibilidad de ser atacados por otros delincuentes? Mi temor es que solo perpetúe una patología que enseña a nuestros hijos que somos parte de una sociedad tan irracional que no permite que las personas crezcan por encima de lo que hicieron hasta lo que deberían haber sido. Por consiguiente, a los delincuentes no les queda más que esconder lo que son y continúan atacando a nuestros hijos, destruyendo sus propios votos matrimoniales o enzarzándose en disputas por errores ya cometidos. Un entorno familiar saludable solo se alcanza cuando uno deja encendida la lamparilla de noche para quienes han extraviado el camino. Debemos estar dispuestos a darles lo que todos necesitamos, un GPS o sistema de posicionamiento global, que permita al hijo pródigo encontrar la ruta de regreso cuando por fin esté listo para volver a casa.

He aprendido que la mayoría de las personas que albergan en su corazón animadversión hacia otros, lo hacen porque permanecen en la reservación de lo ocurrido en el pasado, en lugar de escapar hacia la idea mucho más grande de un futuro mejor. Pero deberían preguntarse: "¿Qué tal si por aferrarme a mi estrecha perspectiva pierdo la oportunidad de cambiar mi vida? ¿Cómo dejar atrás mi historia para pasar al más amplio terreno de mi destino?".

Sí, damas y caballeros, el perdón es una idea grande y funciona mejor si se otorga a personas que tengan el coraje de agarrar la idea de tres metros de lo que es mejor para su futuro, en lugar de aferrarse a la de metro y medio de obtener una compensación por lo ocurrido en su pasado. Estoy aquí para animarlos a cortar la alambrada que les impide salir adelante, con el soplete de una idea grande que deshaga el metal de un pasado doloroso. ¡Debo

decirles que la forma en que las civilizaciones sobreviven y los individuos prosperan es perdonando lo menor para proteger lo mayor!

Veamos, la falta de perdón implica un campo de acción pequeño. Existe en las personas que no pueden escaparse de lo que
fue a lo que es. La supervivencia no será fácil para una familia
que no pueda perdonar a sus miembros los errores pasados. El
niño constantemente asaltado por un vigilante implacable que
lo castiga por sus errores de ayer, inevitablemente se debilita, se
atrofia, y morirá sin convertirse en lo que habría podido ser si alguien lo hubiera nutrido con el perdón. A ese niño era necesario
hacerle ver que tenía por delante mucho más que todo el peso de
los errores que él habría podido dejar atrás.

Esta verdad es válida en el ámbito personal y en el profesional. A excepción de unas cuantas personas notables que en
el siglo veintiuno han seguido dándonos ideas grandes, las que
hoy encontramos son más que todo ideas diminutas camufladas
bajo una satinada y superficial avalancha publicitaria, diseñada
para hipnotizarnos e inducirnos a creer que son ideas grandes.
Para evitar una rápida obsolescencia e insolvencia, las empresas
exitosas deben contar con el aporte permanente de pensadores
en grande. Si las pequeñas empresas no se adaptan y cambian,
pronto son absorbidas por conglomerados más grandes que sí
salen del mar conocido a explorar un océano de más altos niveles
de pensamiento y consciencia.

Cambia de atuendo

Las ideas grandes salen del corazón de personas grandes que
piensan más allá de la infracción y abrazan las posibilidades del
futuro. Todos somos capaces de tener ideas grandes y prodigiosos
avances, pero rara vez damos rienda suelta a esos pensamientos
grandes. Sin saberlo nosotros mismos, la negativa a perdonar nos
encarcela sin rehabilitarnos, y pronto el guardián de esa destruc-

ción nuestra se convierte en el forense que estudia la causa de la muerte de nuestros sueños, nuestro corazón y nuestra esperanza. Si no aceptamos que el perdón es la llave para nuestra libertad, nuestras pequeñas ideas siempre envenenarán nuestras grandes oportunidades de echar a volar nuestro pensamiento, dialogar sinceramente y discutir orientados a obtener soluciones.

En el mejor de los casos, el llamado que el mismo Dios nos hace a perdonar es todo un reto, y no lo podrán superar quienes no renuncien a la comodidad del enojo para asumir la sobrecogedora tarea de seguir adelante. Si queremos disfrutar de un mejor mañana, debemos deshacernos de los severos atuendos del lugar donde hemos estado y confeccionar nuevas prendas de vestir acordes al sitio al que nos dirigimos.

Si eres cristiano probablemente recordarás que Jesús se deshizo de las vestiduras de su muerte y apareció en el jardín con un radiante atavío que no mostraba trazas del lugar donde había estado. A pesar de conocerlo tan bien, ni siquiera María reconoció a Jesús, porque Él ascendió a un nuevo sitio de poder, propósito y paz, mientras ella esperaba que luciera y pensara como en su vida pasada.

Tu vida pasada es demasiado pequeña para servirte cuando alcances la plenitud de lo que estabas destinado a ser. ¡Es como si usaras tu uniforme de la banda de sexto grado para dar un concierto en el *Carnegie Hall*! Ahora ese uniforme es demasiado pequeño para el que eres y el sitio al que vas, y aferrarte a él solo expresa tu necesidad de ver todas las cosas desde la perspectiva pequeña de tu experiencia pasada.

Nuestra nación, como todas las naciones libres, solo alcanzó la libertad cuando prestó atención a una idea más grande que la predominante en la época, y si eso aplica para nosotros como sociedad, también aplica para nosotros como individuos. Sin embargo, nos dejamos convencer por la pequeñez de espíritu de algunos de los pensadores de ayer, aunque lo que en realidad necesitamos ¡solo puede emanar de aquellos que piensen en grande dando rienda suelta a la imaginación!

¿Estás preparado para cambiar de atuendo? Tengo la esperanza de que si aceptamos el reto de pensar a niveles más grandes, inevitablemente evolucionaremos como sociedad y como individuos, y dejaremos atrás las ideas pequeñas que nos mantienen cautivos de lo que fue. Y también espero que quienes piensan a una altura que sobrepase otras alturas se nutran de este libro y salgan de la estrechez de sus miras al portentoso terreno del pensamiento de tres metros de altura. Creo que Dios oculta en los lugares más altos las respuestas a los interrogantes que todos tenemos, para que solo las águilas las encuentren y se nutran de ellas.

Vuela alto

El problema es que muchos vamos dando tumbos como pollos en vez de volar como águilas. Mientras las águilas vuelan alto y otean los cielos, los pollos están ocupados mirando para abajo y comiendo del suelo. Sí, sobreviven con un bajo nivel de consumo, pero no vuelan lejos ni hacen mucho más porque están demasiado atareados picoteando el suelo. Jamás pasan de un bajo nivel de pensamiento al nivel de extender sus alas como águilas para volar muy alto.

Tu misión, si la aceptas, es mirar para arriba y averiguar quién eres y a dónde vas. ¿Quieres alimentarte con boronas de pensamiento recogidas del suelo o buscar las cumbres del éxito de quienes sobrepasan a los grandes de la vida y se elevan por sobre las tormentas? Por sabroso que le parezca el pollo a la gente que lo come, recuerda siempre que los pollos se alimentan mayormente de desperdicios. Las águilas, en cambio, vuelan demasiado alto para comer lo que fue y solo comen lo que es.

La vida está llena de grandes y los pollos viven temerosos de ellos, porque con la cabeza gacha y siempre mirando para abajo, corren el riesgo de que los aplasten, decapiten o aniquilen. Los pollos son vulnerables porque permanecen al alcance de sus posibles aniquiladores. Los grandes atacan solamente lo que queda a su alcance. Ellos solo encuentran los tesoros que están en sitios bajos. De manera que los pollos y quienes tienen ideas de pollo siempre están al alcance de aquellos que buscan destruirlos.

En mi otro negocio de entretenimiento, es frecuente que las películas tipo pollo no sean grandes éxitos de taquilla. Casi siempre, una baja inversión se traduce en bajas utilidades. En Hollywood los productores invierten los mayores dinerales en las ideas que consideran más grandes. Pero los grandes que tienen bajas expectativas los llevan a sub-financiar un entretenimiento de pollos, consumir las escasas utilidades, y pasar a otra cosa. Aunque comprendo ese paradigma, e incluso he operado a un nivel empresarial de pollo, la mayoría de las veces por necesidad más que por preferencia, guardo en mi corazón ideas de águila que esperan ser develadas.

Si has vivido con pollos pero pensado como águila, es solo cuestión de tiempo para que alguien vea el águila en ti y te permita extender las alas y volar más alto. Pero debes tener presente que si quieres atreverte como águila, debes renunciar a la perspectiva de pollo. No permitas que grandes problemas y restricciones económicas, y ni siquiera excusas legítimas, te hagan desistir de tus sueños y sofoquen tu pasión.

Puedes empezar desde el suelo, pero, por Dios, ¡acaba en el aire! Desde donde está el águila, los grandes se ven más pequeños y se vuelven intrascendentes. Desde donde vuela el águila, siempre se divisan nuevas oportunidades. ¡El águila ve lo que está al frente mientras el pollo solo ve lo que está abajo! ¡El águila no teme a los grandes porque vive a demasiada altura como para vivir en peligro!

No me malinterpretes, me encantan los pollos y los he cuidado, alimentado e incluso comido ¡pero para ellos no escribo!

Yo escribo para el águila que aún no ha salido del clóset y está leyendo esto: es hora de que extienda sus alas y alce la vista. Estamos a punto de navegar desde nuestro ayer hasta muy lejos por el oscuro azul de los cielos frente a nosotros. Si el perdón es una idea grande, y lo es, necesitarás un juego completo de largas alas para elevarte por encima de lo temporal y navegar a lo trascendente. Es tiempo de considerar lo que obtendremos si nos deshacemos del peso del ayer y abrazamos los fieros vientos de una nueva mentalidad y un corazón abierto.

Cáncer del alma

Mi temor es que si no aprendemos a volar cómo se remontan las águilas, sin darnos cuenta nosotros mismos nos volveremos cementerios de minas antipersonas. O para usar una metáfora más fuerte, y más chocante, la falta de perdón se convierte en el cáncer de nuestra alma. Así como tememos descubrir un tumor maligno en nuestro cuerpo, debemos vivir vigilantes en cuanto a los rencores que guardamos y las ofensas que recibimos; si no lo hacemos, tal vez nunca lo veamos venir.

A todos nos asusta la pesadilla del cáncer, y hoy día si estás vivo te tocará, directa o indirectamente, en la familia o en alguien que amas. Nuestra peor pesadilla cobra vida cuando de un examen físico de rutina resulta un diagnóstico terminal, o si un molesto dolor encubre un problema mucho mayor, o si se descubre un tumor o se encuentran células cancerosas, o un pólipo o un bulto se hacen visibles.

Muchas personas se someten a un chequeo y encuentran que están en la cuarta etapa de un cáncer que jamás vieron venir, del que no hubo señales y tampoco síntomas, simplemente les cayó encima. Es difícil para el enfermo y doloroso para la familia. No hubo tiempo de prepararse, salió de la nada.

En retrospectiva, podría parecer que los despreocupados días que pasamos bajo un sol radiante fueron el punto de inicio del crecimiento maligno del melanoma. Aunque muchos tipos de cáncer no se pueden evitar, hay hábitos saludables que podrían ayudarnos a vivir sin tener que librar la que algunos llaman "la batalla de su vida". Sea por ignorancia o por falta de conocimiento (jamás usamos protector solar cuando yo era niño), por descuido o imprudencia de juventud (cuando no pensábamos en arrugas ni manchas y menos aún en proteger nuestra piel para prevenir algo tan ominoso como el cáncer), nunca tomamos las precauciones debidas para asegurar la salud de nuestro organismo. Y ahora estamos pagando el precio de esa omisión con una extenuante batalla contra el cáncer que amenaza con reducir nuestra calidad de vida para siempre.

Detección temprana

He notado que cada vez que mi esposa tiene programada una mamografía, en su voz asoma el oculto temor a lo que el examen pueda revelar. Siempre con voz algo trémula, ella me dice que ya es tiempo de hacerse el examen. Nunca ha tenido cáncer, pero la posibilidad de tenerlo y lo que han padecido tantas personas amigas, la afectan cada vez que va a ese examen. Siempre existe la posibilidad de que haya habido algún tipo de invasión sin que ella lo hubiera notado, de que tenga cáncer sin saberlo. Mientras más años tengo, también yo experimento esa incertidumbre cada vez que me someto a un chequeo o procedimiento médico de rutina.

Aunque de hecho abogo por hacer todo lo humanamente posible para prevenir el cáncer y promover su detección temprana, aquí y ahora no me propongo alertarte sobre esa enfermedad sino conseguir que tomes consciencia de su equivalente emocional y espiritual, porque nos altera y perjudica igualmente la vida. Nuestra incapacidad o falta de voluntad para perdonar ofensas pasadas a menudo se encona, hace metástasis en nuestro interior y crece calladamente, hasta causar un bloqueo que afecta cada área de nuestra vida. Si no perdonamos, el resentimiento asecha calladamente en nuestro corazón y el de nuestros seres queridos y permanece latente hasta que explota en cualquier crisis emocional.

Cuando se revela la malignidad de una herida del pasado, todos los involucrados sienten el impacto porque jamás imaginaron que pudiera existir tanto dolor, ira, virulencia y animadversión bajo la superficie en esta persona que siguió preparando desayunos, celebrando festividades y llevándoles rosas. Si has vivido bastante, sabes que es casi imposible conocer realmente todo de una persona, ver su corazón y saber lo que está sucediendo bajo la superficie. Las heridas emocionales no siempre muestran señales externas del caos interior.

La mayoría de la gente no analiza sus emociones, y si lo hace, frecuentemente se queda cavilando sobre lo que encuentra en lugar de buscarle solución y sanarlo. Tampoco realizamos chequeos de rutina para asegurarnos de que las personas que trabajan o viven con nosotros estén siendo realmente sinceras y abiertas con sus sentimientos. Me asalta el temor de que el ajetreo en medio del cual transcurre nuestra vida se preste para que se generen suposiciones, expectativas y consideraciones que a menudo llevan a que problemas no resueltos de nuestro pasado se multipliquen en un crecimiento canceroso dentro de nuestra alma. Hacer caso omiso del cúmulo de heridas, ofensas, desaires e injusticias que hemos soportado puede originar graves problemas que debilitan las relaciones y ponen fin a la productividad.

Así como se extirpan lunares o lesiones cutáneas para evitar que crezcan y se conviertan en anomalías más serias, vale la pena resolver los desacuerdos menores antes de que se vuelvan desastres. A la mayoría de las personas no les gusta crear problemas y se tragan la frustración ocultando sus verdaderos sentimientos, por no comprometer la tranquilidad temporal, sin darse cuenta de que el caos total no empieza siendo total: va creciendo bajo la piel como un cáncer que una detección temprana habría podido evitar. Amigo mío, las personas renuncian a su trabajo mucho antes de escribir la carta. Los esposos se van mucho antes de mudarse a otro lugar. Los chicos se rebelan en su corazón mucho antes de que los arresten por vandalismo.

Damos por hecho que si no sentimos o vemos algo, entonces todo está bien, pero algunos de los más letales asesinos de nuestra salud física son silenciosos. La presión arterial alta no produce sonido alguno. El cáncer puede corroerte interiormente durante meses sin producir síntomas que te adviertan de su arraigo en tu organismo. Por eso es que todos debemos someternos a chequeos y exámenes médicos con regularidad. Igualmente, debemos chequear nuestra salud emocional y nuestra actitud, así como las de quienes nos rodean. Con esto no me refiero a dedicarse a cavilar por qué alguien hirió tus sentimientos en el picnic de la iglesia o apenas dijo solo de pasada "¿cómo te va?". Si realmente queremos fomentar nuestra salud, bienestar e intimidad, debemos tomarnos tiempo para comunicar lo que en realidad está pasando en nuestro interior y descubrir lo que de hecho está ocurriendo en el interior de la otra persona.

Sé que con demasiada frecuencia no lo vemos venir. Igual que el paciente con cáncer pensó que estaba sano hasta antes del temido descubrimiento y diagnóstico, muchas veces suponemos que mientras mantengamos el frenético ritmo de nuestra vida diaria, estaremos bien. Cuando surgen signos de alerta en nuestras relaciones, tratos de negocios y amistades personales, los ignoramos o descartamos por considerarlos insignificantes o no merecedores de un examen más profundo.

A menudo la gente nos honra y respeta tanto que oculta su descontento para parecer amable, en lo que muchas veces es un engaño bien intencionado, pero realmente puede despojarnos de la oportunidad de hacer algo por mejorar nuestro entorno en la casa y el trabajo. Que una persona se presente en su sitio de trabajo y lleve a cabo las tareas básicas no garantiza que se sienta verdaderamente realizada haciéndolo. Que nuestros hijos nos regalen una dulce tarjeta el Día de la Madre no significa que nuestra relación sea como la de los personajes del *Cosby Show*. Solo porque a la hora de la cena nuestro cónyuge toma asiento frente a nosotros y sonríe, no podemos decir que nuestros corazones estén sincronizados.

He visto una y otra vez la frustración que, como un cáncer, va invadiendo silenciosamente a las personas que evitan la confrontación hasta convertirse en mártires, simplemente porque les falta el coraje o la destreza para hablar francamente sobre las pequeñas zonas de descontento y resentimiento. Tras el silencioso progreso de un descontento que se habría evitado comunicando las cosas pequeñas antes de que se volvieran grandes, sin darte cuenta, habrás perdido un miembro muy bueno de tu personal. También se da el caso de la esposa que no captó la inconformidad de su esposo con el matrimonio, hasta que salió a la luz una amante. Muchas amistades y relaciones se atascan en una rueda sin fin de amabilidad superficial porque ninguna de las personas está dispuesta a analizar los agravios y expresar sus inquietudes. El perdón, como veremos más adelante, debe practicarse a diario y no bajo la presión de una crisis.

El arte de perdonar

El otro peligro capcioso de no practicar el perdón es que nos convertimos en portadores contagiosos de las mismas ofensas que hemos sufrido. Si nuestros padres nos mostraron un comportamiento violento en situaciones difíciles, suponemos que esa es la manera de manejar los conflictos. Si un socio que no era de fiar nos traicionó, nos sentimos tentados a recurrir a las mismas tácticas para evitar una nueva traición. Se sabe que décadas atrás unos investigadores descubrieron que la gran mayoría de quienes abusan sexualmente de niños también fueron víctimas del mismo tipo de abuso en su niñez.

Con esto no quiero decir que todo el que en su niñez haya sido víctima de abuso sexual está destinado a convertirse en un abusador. Algunos padecen trastornos de nutrición, de promiscuidad u otras cicatrices como baja autoestima. Y le ocurre no solo a la gente que ha tenido esos problemas sino a todos los que hemos vivido situaciones profundamente dolorosas en la vida. No todos los casos llegan a ese nivel pero, si hay algo seguro, es que nadie muere sin haber llorado en el transcurso de su vida. Aquí el propósito es proteger nuestro futuro para que no lo infecten las tribulaciones de nuestro pasado. Sé que este no es el tipo de proceso que se pone en marcha accionando un interruptor. Así que si estás pensando "Si supieras por las que he pasado en mi vida, comprenderías por qué no puedo perdonar a la gente que me lastimó", por favor quiero que sepas que entiendo la enorme dificultad de tu carga.

Pero también sé que Dios no nos diseñó para ser víctimas. Hasta cuando padecemos las egoístas, dolorosas y a veces malvadas acciones de otras personas, tenemos el mismo poder para optar porque el fantasma de nuestras terribles experiencias no nos perturbe. Siempre podemos elegir. Lo trágico es que tantas personas se quedan atrapadas en un infierno mucho después de que sus heridas les fueron infligidas. Tal como nuestro cuerpo está diseñado para curarse y recuperarse de las lesiones físicas, nuestra alma nos ayuda a recuperarnos de las heridas internas sufridas. Pero muchas veces, sin darnos cuenta, nosotros mismos bloqueamos el proceso por falta de herramientas, modelos de conducta, madurez o agudeza espiritual para seguir adelante y permitir que la sanación ocurra. No hemos aprendido procedimientos de detección temprana que nos permitirían disfrutar de una calidad de vida más saludable y balanceada.

Espero que este libro te proporcione todos esos elementos vitales para practicar el arte de perdonar. Y por favor entiende que para perdonar a otros, debemos estar dispuestos a ver nuestra propia capacidad de herir, ofender y lastimar a quienes nos rodean, que a menudo son nuestros seres más queridos. Como lo descubriremos, la Oración del Señor nos proporciona una agudeza clave para experimentar el júbilo y la vida de abundancia que Jesús dijo haber venido a brindarnos. "Danos hoy nuestro pan de cada día, y perdona nuestras ofensas así como nosotros perdonamos a los que nos ofenden", nos enseñó Jesús a rezar (Mateo 6:11—12, KJV – Versión Autorizada del Rey Jacobo o Jaime).

Me asalta el temor de que cuando rezan esta oración tan conocida, muchas personas no se den cuenta de que están pidiéndole a Dios que las perdone como ellas están perdonando (o no perdonando) a otras personas. No creo que Dios nos esté castigando y diciéndonos que básicamente recibiremos lo mismo que hayamos dado a otros. Dios es mucho más grande que eso, mucho más amoroso, misericordioso y compasivo para con sus hijos. No, lo que yo creo que Jesús revela en la Oración del Padre es que nuestra capacidad humana de recibir la misericordia de Dios se bloquea cuando no estamos dispuestos a perdonar a quienes nos han hecho daño. No podemos abrazar el perdón de Dios si estamos ocupados aferrándonos a heridas pasadas y cuidando de viejos rencores. Para poder avanzar a las bendiciones de nuestro futuro, debemos renunciar a los dolores del pasado.

El perdón no exonera a la persona que te hizo daño ni trivializa la profundidad de tu trauma. De ninguna manera. El perdón te libera a ti y a tu alma de vivir en una casa de horror llena de recuerdos y tormentos que no merecen que les dediques más tiempo de tu vida. El perdón, entonces, es un regalo para el que debes encontrar la forma de dártelo sin importar quién te sumió en esta situación lamentable. Creo de todo corazón que la principal causa de los divorcios es la falta de perdón, no el adulterio, y tampoco los problemas económicos, a los que a veces se señala como culpables. La falta de perdón ha sido una espada que acaba con hermanas, madres, padres e innumerables hijos. Ha dañado relaciones de trabajo y minado el trabajo en equipo que es el que aumenta los márgenes de utilidad y reúne lo mejor de lo mejor en un modelo de negocios que produce rendimientos y niveles de competencia superiores.

Como ves, el perdón es esencial para alcanzar la plenitud para la cual fuimos creados por Dios. Hechos a su imagen y semejanza, compartimos su capacidad de amar, de ser traicionados por seres queridos, y de perdonar y arriesgarnos a amar de nuevo. El perdón no te debilita, te fortalece para que vuelvas a vivir y a amar, y lo hagas a tu plena capacidad, sin las trabas de los males que te aquejaron ayer. Quiero encaminarte de nuevo hacia tu mayor potencial y detener el agotamiento mental y la tortura de un mal recuerdo. Quiero ayudarte a recuperar el control pues tienes el enorme poder de cambiar la calidad y dirección de tu propia vida, sacándola del estancamiento y la amargura para llevarla a la sanación espiritual de la misericordia y la paz.

¿Realmente quieres experimentar la plenitud de la vida a la cual estabas destinado, una vida de satisfacción, vitalidad creativa y jubilosa intimidad con tus seres queridos? ¿Estás dispuesto a dejar ir el dolor emocional de todos los golpes que has recibido en la vida? ¿Sientes que este es el tiempo de transición de los viejos, agrietados y despicados envases de tu energía al júbilo de nuevos odres?

Entonces es el momento de experimentar el poder sobrenatural que se desencadena cuando encontramos el poder del perdón y *¡lo dejamos todo atrás!*

Dos

Las ofensas van y vienen

Soy cristiano, pero comprendo que muchas de las grandes religiones del mundo comparten verdades espirituales que trascienden al tiempo y las culturas y reflejan un entendimiento universal de la naturaleza humana y las épocas de la vida de cada quien. Sea que las llamemos karma, suerte, destino, o Regla de Oro, creo que cada una de esas verdades se resume en el adagio de que recogemos lo que sembramos. En el curso de la vida, ofendido y ofensor cambiarán de puesto de vez en cuando. Las personas que invaden el terreno emocional de la vida de otras personas algún día encontrarán invadido su propio terreno.

Aun si el ofensor nunca llega a sufrir a manos de la misma gente que ofendió, la vida se asegura de que lo que suba eventualmente baje. Quienes constantemente hieren a otros, dejando a su paso una estela de daños colaterales como el huracán Katrina, finalmente se verán atrapados por el tsunami emocional de otras personas. Al tramposo le harán trampa; al ladrón le robarán.

Como dice la vieja canción, de vez en cuando el cazador será atrapado por su presa.

Incluso las personas más modestas, de genio más parejo y mejores modales, en algún momento les crearán problemas a otras. Hasta el más despiadado, escandaloso y bravucón amante del riesgo sentirá el embate de las olas causadas por el peligro generado por otro. Por más que trates de ser obsequioso, amable y tolerante con los demás, eventualmente tendrás que defender algo y, cuando lo hagas, alguien se sentirá ofendido. Por más audacia, decisión y proactividad que despliegues para protegerte de los golpes que da la vida, alguien se las arreglará para descubrir tu punto débil y herirte. Es imposible vivir esta vida sin conflictos. El planificador prudente piensa en términos de esa inevitabilidad y desarrolla una estrategia para no quedar desolado cuando surgen.

Si hubieras sabido de antemano que un día tu amigo y tú estarían en desacuerdo, tal vez no habrías confiado en él tan ciegamente. Si hubieras sabido que tu hija no pagaría el préstamo, tal vez no le habrías servido de fiador. ¿Quién podría haber previsto que tu matrimonio acabaría contigo gritándole groserías a quien alguna vez acariciaste y susurraste palabras de amor al oído?

Todo lo empezamos con optimismo, o no haríamos nada. En los negocios, la mayoría de los tratos empiezan positivamente. Se programa una reunión y luego la cena o un coctel a las cinco, o un juego de nueve hoyos de golf y se discuten proyecciones, se exponen argumentos y se cierran tratos. La mayoría de las parejas están felices el día de la boda y algunas logran pasar así la luna de miel, pero la vida no se compone de blancos encajes y promesas, ni de románticas vacaciones en islas desiertas. Dirigir una compañía eventualmente te llevará a transitar por el escabroso terreno de despedir trabajadores, recortar presupuestos y perturbar la tranquilidad inicial. Cada matrimonio experimentará la tensión y las pruebas de amar y vivir con otra persona que no ve las cosas exactamente igual que su pareja.

Las personas prudentes planean por anticipado los términos para la solución de conflictos con la esperanza de no tener que aplicarlos jamás. Algunos contratos incluyen una cláusula de arbitramento para establecer las reglas que se aplicarán si el negocio fracasa y alguien resulta ofendido. En el matrimonio, muchas parejas toman cursos prematrimoniales para anticipar los puntos de conflicto y cómo los resolverán. Muchos también incluyen un acuerdo prenupcial ¡por si no llegan a vivir-felices-por-siempre! Desafortunadamente, muchos hemos aprendido a hacer frente a los conflictos y superar las decepciones por las malas. A la mayoría nunca se nos enseñó a entender la psicología y motivación de las personas ni se nos dieron herramientas para arbitraje y negociación, así que, dependiendo de nuestras expectativas, posiblemente nos esperen verdaderas sorpresas.

Desarmado y peligroso

Descubrirás mi edad por lo que voy a contarte; me criaron cuando los programas de televisión familiares rara vez contenían ofensas significativas o conflictos realistas. De los dibujos animados de Fat Albert hasta *The Brady Bunch*, en esos programas veíamos personajes al parecer perfectos que vivían sorteando problemas simplistas, generalmente resueltos al final del episodio, dando una lección de vida de cliché, casi siempre humorística y previsible.

Tal vez inconscientemente, igual que muchos otros, yo también esperaba llevar una vida llena de problemas momentáneos que resolvería rápidamente. Equipado con las soluciones simples y los ejemplos de relaciones armoniosas que había visto en televisión, estaba seguro de que mi vida reflejaría la tranquilidad doméstica de la hamaca del porche de *Aunt Bee*.

Jamás se me ocurrió pensar que la vida no refleja el libreto de un episodio, sino que a menudo implica problemas complejos, personas en conflicto y situaciones complicadas que no se pueden resolver antes del próximo corte de comerciales. Pero esas aparentemente benignas comedias de situaciones de la vida diaria habían disparado mi imaginación que, permeada por una ideología filosófica basada en chistes y risas grabadas, me mantenía a años luz de distancia de los insospechados dramas que me esperaban en la vida real. En aquel tiempo, pensaba que mi vida sería un pintoresco paseo por la ficticia comunidad de *Mayberry*, no estaba preparado para una excursión todo-terreno en la que yo mismo tendría que abrirme paso por la espesura de un territorio no señalizado.

A medida que avanzaba en mi viaje, fui aprendiendo que a menudo las mayores expectativas son las que más dolor nos producen. Fueron las ideas insensatas inducidas por la televisión o los libros las que me llevaron a esperar que la vida se pareciera al arte y no lo contrario. Y en lugar de conservar la ingenua indulgencia de las personas correctas que vivían experiencias cálidas y fortalecedoras en sus pequeñas vidas perfectas, yo tendría que aprender a sortear el laberinto de relaciones, problemas y conflictos inherentes a la condición humana.

La verdad es que ni la escuela ni la iglesia nos preparan para superar la decepción cuando nuestras necesidades y expectativas básicas no son satisfechas. La mayoría de nuestros propios padres, maestros y clérigos está mal preparada para afrontar la diversidad de tiempos y formas con que la vida puede traspasarnos, llegarnos al alma y dejarnos sumidos en el dolor, impactados al ver que a veces nuestros seres más allegados han sido los promotores de tanta angustia. Salimos desarmados a enfrentar los asaltos de la vida y nos abruma el peligro emocional que encontramos.

Qué esperar cuando estás esperando

En el transcurso de nuestra vida todos tendremos esperanzas, aspiraciones y expectativas. Pero si no nos detenemos para preguntarnos qué hemos aprendido, y analizar si nos está sirviendo de algo, iremos derecho a repetir nuestros fracasos. Nuestras expectativas afectan directamente nuestro nivel de decepción, así como la percepción de las ofensas recibidas. Usualmente pensamos que de nuestros seres queridos podemos y debemos esperar más de lo que ellos nos dan.

Y todo eso no lo pensamos solamente con respecto a nuestras relaciones privadas, a menudo se infiltra en nuestros lugares de trabajo y de culto. La mayoría de las personas alberga un feliz idealismo cuando sale a la palestra. Su necesidad de amar y ser amadas se cuela en su vida profesional y las expone a la misma respuesta decepcionante siempre que tratan de alcanzar algún grado de afectuosa camaradería en un entorno público; pero las verdaderas culpables son sus propias expectativas.

Algunas personas se buscan dificultades porque son incapaces de diferenciar los límites necesarios y razonables expectativas existentes entre su vida profesional y su vida personal. Haber comprendido la diferencia entre lo que se puede esperar de una relación profesional y de otra personal, les habría salvado el empleo a muchas personas. Como lo repito a menudo, una cosa es una cosa y otra cosa es otra cosa.

Si tratas a tus compañeros de trabajo como si fueran tus amigos personales, te expones a que alguna vez te ofendan. El hecho de compartir una oficina no significa que debas compartir tus secretos. Una cosa es sostener una afable relación de trabajo con un colega y otra muy diferente compartir tu vida con esa persona. Trabajar en el mismo edificio o compartir el mismo cubículo no te obliga a renunciar a tu intimidad personal.

Se puede ser cortés y servicial sin esperar que la persona que se relaciona con nosotros en el trabajo sea lo mismo que los primos que invitamos a un asado. ¡Cuántas veces he visto personas pasar a un plano personal con quienes habrían debido mantener una cordial y respetuosa distancia! La mayoría de las veces sufren una decepción, pero no se dan cuenta de que sobreviene por no haber delimitado cada tipo de relación.

En otro extremo están quienes siempre buscan hacer negocios con sus amigos. Pero a veces, hacer negocios con amigos y parientes no es lo ideal. No todo el mundo tiene la capacidad de funcionar con otra persona a diversos niveles sin perder lo que hay entre ambas y cuando menos piensan, se ha abierto una brecha entre su punto de partida y aquel al que quieren llegar. Con frecuencia los amigos-convertidos-en-socios-de-negocios acaban sintiéndose traicionados o decepcionados porque uno de ellos dijo algo o defraudó la confianza que de hecho no habría debido depositar en el otro.

En realidad lo importante es saber que las ofensas llegarán, como la lluvia, muchas veces inesperadamente. Por maravillosa que en un principio resulte la experiencia, por grande que haya sido el optimismo del primer día de trabajo, por especial que sea el hijo nacido a los mejores padres posibles, alguna vez habrá decepciones. En algún momento el hijo decepcionará a los padres y eventualmente los padres decepcionarán al hijo. El primer día de trabajo eventualmente llevará a un día malo.

Todos somos susceptibles de ser ofendidos. Desde el intelectual más ilustrado hasta el iletrado más ignorante y desde el político más conservador hasta el más liberal, el común denominador de todas las clases sociales es que en este mundo no se puede vivir sin recibir distintos tipos de ofensas y decepciones. Las diferencias entre las personas surgen de su forma de responder a los conflictos.

Si pierdes los estribos

Como el agua, las ofensas son parte integral de la vida, y las personas se diferencian por su forma de capotear los conflictos que las generan. Los altos ejecutivos son contratados por su capacidad para manejar conflictos y mitigar los posibles perjuicios y responsabilidades para su organización. De hecho, cada uno de nosotros tiene la responsabilidad de visualizar el panorama completo y evitar nuestra propensión a no querer verlo aplicando un estilo administrativo micro, hasta que problemas pequeños se convierten en montañas.

Si reaccionamos con pequeñez de espíritu y de miras, perderemos la oportunidad más grande, que es seguir adelante y asumir con eficiencia nuevas y mayores responsabilidades. Con demasiada frecuencia nos dejamos atrapar en el embotellamiento de tráfico causado por conflictos y decepciones y, aunque queremos avanzar, no lo logramos porque no despegamos los ojos del espejo retrovisor.

He aprendido que cuando le decimos a Dios, a otra persona, o a nosotros mismos, que no podemos manejar un conflicto, básicamente estamos diciendo que no podemos manejar los ascensos que nos ofrece la vida. Porque cada ascenso nos lleva a un nivel más alto de exposición a conflictos, y si no conseguimos manejar la presión, no podremos satisfacer las exigencias inherentes a cada nuevo nivel. Si no deseas afrontar problemas maritales, no te cases. Si no te gusta correr a reuniones de padres y maestros en la escuela, no tengas hijos. Si no quieres llantas pinchadas, no conduzcas un auto.

Hay quienes reconocen que las llantas pinchadas y los problemas ocurren, pero solamente a otras personas, y se esfuerzan por convencerse de que ellos mismos están exentos de las realidades de la vida y la naturaleza humana. "Mi esposo jamás me irrespetaría ni me humillaría", dicen. "Mi hija nunca traicionaría mi confianza", insisten. "Mi socio jamás me dejaría para trabajar con la competencia", sostienen. Pero la verdad es que incluso los mejores de nosotros decepcionamos hasta a nuestros seres más queridos, sin hablar de aquellos para quienes o con quienes trabajamos todos los días. No nos damos cuenta de que lo que para unas personas es chiste para nosotros constituye una ofensa, y nos lastima porque no aceptamos que las ofensas forman parte de toda relación. Por eso es que nuestra supervivencia o fracaso depende de la forma en que manejemos las ofensas.

Fobia a la gente

A falta de esas estrategias, a menudo nos retraemos, una reacción lógica pero perjudicial para nuestra carrera, nuestro matrimonio y nuestra autoestima. A menudo, las personas más amargadas y crueles en realidad son las más sensibles; y la experiencia me ha enseñado que hasta las personas más creativas, generosas y sinceras llevan dentro de sí el cáncer de la negativa a perdonar.

Lo hacen en parte porque salen al ruedo de la vida esperando más de lo que reciben y carecen de un modelo para manejar las decepciones; creen que porque ellas son sinceras y bien intencionadas, los demás también lo son. Cada vez cobro más consciencia de que a menudo las personas que llevan la mayor carga de dolor y de negativa a perdonar, esperan mucho más de lo factible, de quienes tienen menos capacidad para dárselos.

Esas personas creen que los demás llevan una vida maravillosa y que de alguna manera ellas no parecen dar con el chiste. Consideran las ofensas como algo anormal e inusual además de sentirse culpables por tener problemas y también engañadas porque creen que solamente ellas son víctimas de tan tristes circunstancias. Se sienten fracasadas porque no caen en cuenta de que

las ofensas son comunes a todas las relaciones
ellas.

Esa necesidad inmadura de victorias sin co
sin dolor puede dejarte malherido, porque la in
nos vuelve más propensos a sufrir heridas del alma y ocultarlas
en silencio. Así como las personas de piel delicada son más pro-
pensas a lesiones o insolaciones, las más creativas o sensitivas
se sienten más agraviadas por el comportamiento de las demás,
pues la misma sensibilidad que las hace valiosas, las perjudica. Y
por ser las más afectadas, a menudo guardan cicatrices más pro-
fundas causadas por sus dolorosas decepciones que, eventualmente, sofocan su creatividad, las aíslan de su entorno de trabajo
y bloquean su aporte personal y creativo. Entonces esas personas
simplemente se vuelven tan cautelosas que sus posibles logros se
marchitan en silencio.

Las decepciones de la vida en general, unidas al candente infierno del detalle de lo sufrido, típicamente producen personas
amargadas que no perdonan, y la amargura nos desfigura inter-
namente tanto como una mala cirugía facial distorsiona las fac-
ciones. Si has visto alguna, ya sabes lo que quiero decir.

Una vez que sufrimos una herida tan debilitante, usualmente
somos presa del complejo del camino-de-adoquines-amarillos de
Dorothy en *El Mago de Oz*. Y como ella, vemos cualquier nuevo
amigo, nuevo conocido o nuevo miembro del equipo como "leones, tigres y osos" listos para atacarnos y herirnos aún más. En
consecuencia, afrontamos las nuevas situaciones con profundo
y a veces doloroso escepticismo; y al operar como víctimas, nos
llevamos al futuro los tóxicos desechos del pasado.

Entonces analizamos minuciosamente cada comentario escuchado en una reunión social y vemos duendes malignos en
cada nuevo encuentro. Sin darnos cuenta se desarrolla en nosotros una fobia a la gente y, con ese implacable análisis de cada
situación, nosotros mismos nos encargamos de sabotear nuestro

o. Si alguna de estas descripciones tiene un remoto parecido contigo ¡prepárate porque la ayuda viene en camino!

Regalos sin desempacar

Donde quiera que encuentres personas, verás que en su interior siempre asecha la capacidad de ofender. Para quienes se fijan mucho en detalles y son menos sociables, una ofensa es la excusa que necesitan para retirarse por completo al país del "no me importa", aunque en realidad sí les importa, pero ese encierro reduce los riesgos de sufrir daño y a ellos les gusta ir a lo seguro. No buscan socializar, prefieren depositar su confianza en discos duros, equipos, pinceles, mascotas o cualquier otra cosa que los aleje de la necesidad de compartir con personas a un nivel en el cual corren el riesgo de ser lastimados. Simplemente viven en un perpetuo estado de evasión.

El problema de ese enfoque es que su prosperidad y bienestar personal dependen de sus destrezas para socializar (o por lo menos mejoran si las tienen). El temor a la gente y la intimidad puede distorsionar el verdadero carácter de esas personas y convertirlas en amables espectadoras más que participantes de la vida, que ocultan su verdadero ser interior por no arriesgarse a sufrir más heridas del alma. Esas personas pasan su vida como regalos sin desempacar bajo el consabido árbol de Navidad, sin dar jamás por temor a perder lo que tienen. Pero recuerda que no puedes darlo y al mismo tiempo guardarlo.

Porque naciste para amar y para dar, al no hacerlo afectas todas las áreas de tu vida. Tu trabajo sufre porque el temor a ser traicionado ahoga el verdadero poder de tus dones, ocasiona la pérdida de un sano entorno laboral y muchas veces limita tus oportunidades de ingresos, promoción y ascensos.

En resumidas cuentas ¡la negativa a perdonar sale cara!

¡Puede costarte dinero! Aferrarse al dolor resulta caro. Las personas que trabajan contigo permiten que fracases porque no cons-
truyes buenas relaciones, y tú pierdes oportunidades porque la
gente no llega a saber lo que haces. Vives sepultado bajo el peso
del resentimiento.

El éxito no se materializa para ti simplemente porque la ventaja que podrías suponer para una empresa, un cónyuge, un hijo
o una organización ¡está sepultada bajo esa persona en la cual
tú crees que debes convertirte para proteger de todo lo ocurrido
antes, a la persona que hubieras podido ser!

Y porque tu dedicación al tema de la ofensa es más fuerte que
tu empeño en salir adelante, la prosperidad de tu vida pública y
privada se ve seriamente afectada. Las nuevas relaciones generan
fricciones y choques, los nuevos negocios crean tensiones y sacudidas, y todos sufren como un auto andando con el freno de
emergencia activado. Y no es que no andes, sino que llevas activado el freno de tus propias dudas sobre la creatividad y vitalidad
para cuya entrega fuiste creado.

Viviendo en esa forma sofocas tu propio dinamismo y te conviertes en una sombra de lo que habrías sido si no condujeras
con el freno de emergencia en tu corazón. El verdadero peligro
radica en esa necesidad de sentirte seguro emocional y creativa-
mente que impulsa cada decisión tuya, y tiene prioridad sobre el
tremendo aporte que podrías ofrecer a tus seres queridos, compañeros de trabajo y todos aquellos con quienes tienes algo que ver.

Oportunidades disfrazadas

He aprendido a fuerza de golpes lo que ahora estoy compartiendo
contigo. Como ya dije, tuve que olvidar mis expectativas basadas
en lo que había visto en televisión y re-educarme con las experiencias de la vida. Recuerdo una situación particular en la que una

de mis experiencias más frustrantes se convirtió en una de mis oportunidades más preciadas. Fue una lección de vida que tal vez te sorprenda.

Hace muchos años se me pidió hablar para una prestigiosa y muy grande organización religiosa. Desde mi pequeña comunidad en las colinas de West Virginia, encantado y atónito ante la oportunidad de dirigirme a miles de personas, acepté de inmediato esa maravillosa invitación. Mi anfitrión describió la conferencia y me sugirió llevar algunos productos, como cintas de sermones previos. El reproductor de cintas que yo tenía solo sacaba tres cintas a la vez, así que les agradecí haberme avisado con tiempo para prepararme y producir cintas suficientes para esa multitudinaria reunión.

La oportunidad era atractiva no solo para mí sino también para mis feligreses. Éramos una iglesia pequeña y acogimos la situación como parte del plan de Dios para nosotros. Esperábamos que las ventas del evento recaudarían lo suficiente para permitirnos obtener el edificio que queríamos comprar. Todos aportamos, vendimos pasteles y todo lo que pudimos para adquirir insumos y alistar el material, con la esperanza de hacer una buena venta que nos acercara más al sueño de contar con un verdadero edificio para nuestra iglesia en lugar de la destartalada sede que habíamos remodelado parcialmente.

Pocas semanas antes del evento, recibimos una carta diciendo que tendríamos que vender todos nuestros productos a través de su librería y pagar una exorbitante comisión del 25 por ciento. Cuando hice los cálculos del total de gastos generales, envío y costo por unidad, encontré que la utilidad sería inexistente si debíamos pagar el impuesto requerido. Si aumentábamos en 25 por ciento el precio al consumidor, corríamos el riesgo de perder la venta por completo, y el reducido estipendio que ellos me pagarían ni se acercaba al 25 por ciento que perderíamos. ¡Estábamos en un verdadero aprieto!

Siendo el tipo de persona que dice lo que piensa, especialmente sobre prácticas comerciales desleales, indagué más sobre ese requisito. La respuesta del ministerio anfitrión fue que esa tarifa era del lugar donde se realizaría el evento, no controlada por ellos, así que no había forma de modificarla. Acepté esa explicación sin dudarlo, pues era totalmente ajeno al medio y nunca había participado en un evento de tal dimensión. En pocas palabras, ¡en esa época no sabía lo que sé ahora! Desde entonces he aprendido que la mayoría de los lugares de alquiler requieren una coima sobre las concesiones, la cual a menudo se negocia fuera del trato, antes del evento. La mayoría de los lugares se transan por un cargo fijo si se hace la negociación antes de firmar el contrato y pagar la tarifa. Pero tal vez ellos tampoco sabían lo suficiente al respecto y como yo quizás habían quedado entre la espada y la pared.

Intenté que la decepción no afectara mi concentración y preparativos, y conservé el mismo entusiasmo y agradecimiento por la oportunidad. Esa noche hablé, la respuesta fue espectacular, ¡y el público compró todo lo que llevamos! Feliz por haber sido tan bien recibido, dejé de pensar en la tarifa impuesta al producto y me concentré en la cálida recepción que acompañó mi debut en este nuevo nivel.

Lo que menos imaginaba era que aún llevara en la sangre algo del veneno de mi resentimiento. Meses más tarde, fui invitado de nuevo por la misma organización, solo que esta vez ellos alquilaron una iglesia y no un recinto público y nuevamente quisieron que yo fuera el orador principal. Estaba seguro de que ellos habrían alquilado una iglesia de gran tamaño para evitar cualquier problema contractual como el que habían tratado de explicarme en la primera ocasión.

Una vez más mis diáconos, amigos y parientes se congregaron en nuestra iglesia en Charleston, echamos a andar el reproductor de cintas y empezamos a producir más material para venderlo en este nuevo evento. Como en el anterior lo habíamos vendido todo, esta vez conseguimos que un viejo amigo mío nos prestara varios reproductores para poder satisfacer la demanda. Estábamos muy agradecidos y dijimos: "¡Vaya! El Señor nos está ayudando a conseguir nuestro propio edificio. ¿No es maravilloso?". Ignorábamos, sin embargo, que de nuevo nuestras expectativas eran completamente distintas a aquellas bajo las cuales operaba nuestra organización anfitriona.

Te imaginarás lo que pasó. Faltando una semana para el bendito evento, recibí la misma carta anunciando el 25 por ciento de impuesto sobre los productos. Esta vez enfurecí. ¡Pensé que la presión arterial haría subir la sangre como un volcán en erupción, hasta mi cabeza! En ese momento me quedó clarísimo que ese pastor nos estaba cobrando la concesión igual que lo haría cualquier recinto laico. Supe que me estaban explotando, aprovechándose de la situación, y que sabían que no había nada que pudiera hacer al respecto. Sintiéndome como un niño maltratado, tuve que sonreír frente a todo el mundo para no perder la dorada oportunidad de predicar desde su gran plataforma.

La lucha para huir

Llegó la fecha del segundo evento y yo hervía de indignación. Una vez más, prediqué lo mejor que pude, la respuesta fue abrumadora y se vendió todo el material. Pero finalizado el evento, ya no pude contenerme. Me faltaba tiempo para poder pelear con el administrador o quien estuviera a cargo y simplemente sacarme todo de adentro. Aunque usualmente no soy dado a disputas, sí protejo con todas mis fuerzas a la gente que amo. Y esto había sido una clara bofetada a los miembros de mi comunidad que habían trabajado tan duro por la meta que todos compartíamos. Si se iban a aprovechar de nosotros, por lo menos les armaría una buena trifulca. ¡No tengo que decirte que el osito de peluche que hay en mí se había vuelto un oso feroz!

Minutos más tarde, me encontré detrás de la iglesia discutiendo acaloradamente con el encargado comercial de la organización. Le dije: "Les creí el cuento de la tarifa obligatoria sobre concesiones en el trato anterior, pero si ahora estamos en una iglesia que no tiene sindicato ni contratos por concesiones, ¿por qué son tan codiciosos y explotan de esta manera a un invitado?". Las dos veces el lugar había estado abarrotado con una audiencia de más de diez mil personas. Estaba seguro de que la gente había sido lo suficientemente generosa en sus ofrendas como para cumplir lo presupuestado. ¿Por qué esta enorme organización que ya tenía tanto quería arrebatarle a nuestra pequeña congregación la esperanza de tener una iglesia que pudiéramos llamar nuestra? Sentía que estaban prostituyendo mi don.

El señor empezó a tartamudear, claramente impactado por alguien que, acabando de predicar, ahora sonaba como el abogado de *Filadelfia* en pleno juicio. Era evidente que yo lo había tomado desprevenido y no pudo darme una respuesta clara, pero vi que él simpatizaba con mi difícil situación y solamente había repetido instrucciones recibidas. Le dije: "Y no me diga que la iglesia anfitriona les está cobrando a ustedes una tarifa de servicio sobre concesiones, porque si lo hace, ¡le preguntaré al pastor!".

Ante su respuesta, quedé absolutamente seguro de que me estaban estafando y enfurecí aún más. Recordé las noches que los miembros de mi pequeña congregación y yo habíamos pasado en blanco preparando hasta el amanecer nuestros cassettes y cubiertas, cantando y rezando, y trabajando por esta gigantesca oportunidad. Recordé que en el banco había dicho que cuando volviera, tendríamos el dinero necesario para cerrar el trato.

Cuanto más pensaba en las madres de nuestra iglesia arrodilladas empacando cintas y rezando para que Dios nos bendijera, más me enfurecía. Pero entonces sucedió algo que cambió el tenor de la conversación y en últimas cambió mi vida. Justo a la mitad de mi diatriba, con lágrimas en los ojos, ese señor me dijo: "No quiero discutir con usted. La bienaventuranza que experimenté por su mensaje me hizo ver que Dios me indicaba algo que debo obedecer". La sinceridad de su voz me sorprendió. Y él continuó: "Quiero servir a su ministerio y visión. Siento que estoy llamado a ayudarle. Siento que Dios quiere que lo ayude a presentarse en televisión". Te imaginarás que paré en seco.

Por un momento, creí que se burlaba de mí. Pensé: "¿Televisión? ¡Yo no voy a presentarme en televisión!". Ya casi no teníamos dinero en el banco. Mi iglesia solo tenía doscientos miembros y, de esos ¡había cien que solo veíamos para Pascua de Resurrección y Navidad!

¿Cómo rayos iba a llegar yo a la televisión? Cuanto más pensaba en lo que el hombre estaba diciendo, más loco me parecía. Yo no tenía tratos con ninguna cadena, ni siquiera tenía cámara de televisión y tampoco personal que la manejara. Aunque me dieran la oportunidad de aparecer en la televisión nacional, no tenía acceso a ningún estudio o set para filmar. En ese momento ni se me ocurrió pensar que de mi ofensa Dios estuviera haciendo surgir una oportunidad, pero como José cuando enfrentó a sus hermanos en Egipto, por fin me di cuenta de que lo que otros habían querido lograr por codicia, ahora Dios lo estaba transformando en bien para José.

Todavía estaba furioso así que pasó un minuto antes de que sus palabras se abrieran paso por mi explosión. Pero mi intelecto acalló mis emociones y mi espíritu fue testigo de que ese sería un momento de Dios en mi vida.

Con el tiempo y a través de la oración, recibí una de las mayores oportunidades de mi ministerio, que alteraría mi historia y el curso de mi vida. Esa oportunidad cambió mi existencia para siempre, y sin ella jamás habría alcanzado ninguno de los logros cumplidos. La única razón para haberla compartido aquí contigo es probarte que a veces las mayores oportunidades vienen ocultas en las peores ofensas. Si no eres capaz de controlar tus emociones, podrías perder una gran oportunidad o juzgar mal a una persona maravillosa que hayas conocido en malos pasos. El mismo señor que hasta entonces me había combatido se convirtió en uno de mis mayores aliados y me ayudó a conseguir mucho en mi vida.

Y me siento muy agradecido porque ni él ni yo nos definimos uno al otro por uno o dos incidentes. Aunque no sirvieran para otro propósito, las ofensas son oportunidades para desarrollar el carácter y son verdaderos termómetros de la madurez. Gracias a Dios no permití que el espíritu de la ofensa me hiciera perder un momento que había sido dispuesto así para bendecirme. Tuve que pasar por alto el problema pequeño para ver el plan grande que Dios estaba desplegando en mi vida. Lo había visto trabajar en los buenos tiempos, ¡pero ahora lo estaba viendo valerse de la adversidad para el mejoramiento!

Razón o premio

Aún ahora, armado con treinta y cinco años de encabezar una organización religiosa muy grande, todavía miro atrás y me digo que tenía razón al afirmar que había sido usado. He viajado por todo el mundo y nunca más me he encontrado un trato como ese. Tenía razón al pensar que el impuesto de 25 por ciento sobre la venta de la mercancía que llevamos era tan desleal ¡que habría provocado la Rebelión contra la Ley del Té! Pero eso no es lo que vale la pena recordar. Que uno tenga la razón no significa que conozca la verdad que realmente importa. ¿Qué preferirías tú, tener la razón o ser premiado?

Lo que es importante recordar es que mi mayor oportunidad nació en medio de una ofensa. Ese día aprendí que es posible tener la razón sobre algo, pero equivocarse si se pelea por lo mismo. ¡A veces nos toca aprender que la ofensa es la comadrona de la oportunidad!

Si no hubiera escuchado mi voz interior, esa noche habría perdido la gran oportunidad de hablarle a millones de personas por estar furioso por lo que había pasado con unos miles. ¡Debía aprender a ver el cuadro más grande!

Hoy en día ni esa organización, la iglesia implicada, ni nadie, despiertan mi enfado, porque sé que las ofensas llegan. Me doy cuenta de que yo era joven e inseguro, estaba intimidado y tal vez algo sensible. Si aceptas las condiciones debes vivir con ellas. Si no las aceptas, no vayas. Yo pude haber cancelado la venta de los productos y solo haber predicado. También habría podido no predicar del todo; lo que no podía hacer era cambiar las reglas de la casa de otro hombre solo porque yo tenía una necesidad. Ellos no estaban obligados a tratarme de ninguna forma en particular y yo debía haber tenido fe para confiar en Dios cuando el camino por el cual me llevaba parecía inhóspito e injustificado.

Se puede ser bendecido con nuevas oportunidades pero estar ciego por la incapacidad de controlar algo en lo que uno mismo se ha metido. Hay que detenerse y esperar. Es a través de incidentes como este que la acerba enfermedad de la amargura puede cultivar las primeras células del cáncer terminal de nuestra alma.

Si das rienda suelta a la ofensa ¡devorará oportunidades que ni siquiera sabrás que te esperaban tras ella! Todos queremos una bendición, pero no siempre tenemos la habilidad para superar el estrés que conlleva supervisar y mantener la bendición. ¿Quién creería que un auto jamás necesitará reparación o una casa mantenimiento? De igual manera, en cualquier vida que valga la pena vivir los conflictos a través de los cuales se obtiene sabiduría, se mejora una relación o se nos revela una oportunidad, se afrontan con una variedad de herramientas.

Cuando Jesús dijo "las ofensas vienen", nos advirtió que las ofensas son parte inevitable de todas las relaciones. Pero la mayoría de las personas, dentro del proceso de su pensamiento, no cuenta con un plan de sanación para restablecer una relación, un acuerdo, un aliado, o un empleado, que se hayan vuelto disfuncionales, desleales o enfermos. ¡No esperes a que llueva para comprar el paraguas! Ahora es el momento de informarte y equiparte para que puedas reparar el daño de tormentas pasadas y enfrentar confiado los conflictos del futuro.

Tres

¿De dónde salió esto?

Como hemos visto, a todos nos ofenden. Ningún ser humano quiere sufrir la decepción, herida, traición o pérdida que sobreviene cuando intencionalmente o no, alguien nos agravia. Las ofensas pueden surgir de la nada e irrumpir en nuestra vida sin aviso, infligidas por personas en quienes pensábamos que podíamos confiar. Pero en lo concerniente al meollo del perdón, lo importante es la forma en que respondemos a la ofensa.

A menudo muchos vivimos tragedias iguales o similares, pero rara vez respondemos de la misma manera. Hay personas que ante la menor ofensa se amargan, se ponen a la defensiva y se calzan una armadura. Esas personas actúan como si San Pedro las hubiera ignorado a las puertas del cielo si alguien que apenas conocen no se desvive por ellas. En cambio, hay otras que nos inspiran por su gentileza, misericordia y compasión al perdonar rápidamente los actos más abyectos perpetrados contra ellas. Al hacerlo, aunque hayan tenido razones para sentirse ultrajadas y heridas en lo más profundo de su ser, estas personas demuestran madurez, confianza y esperanza.

Verás, el mismo calor que endurece el barro derrite la cera. No podemos controlar el momento en que llegarán las ofensas ni a través de quién llegarán, pero sí podemos controlar la forma en que nos afectan. En la esencia del perdón hay un profundo conocimiento de la forma en que cada uno de nosotros controla y maneja su pensamiento, sentimiento y comportamiento cuando reacciona.

Configuraciones predeterminadas

Una de las primeras maneras de empezar a asumir el control del proceso del perdón es analizar nuestras propias configuraciones predeterminadas. Si eres como yo, inevitablemente pulsarás la tecla equivocada de vez en cuando, lo que convierte la pantalla de la computadora en una locura de pixeles frenéticos antes de que aparezca el temido "mensaje de error". O tal vez te asaltará algún pérfido virus de esos que desordenan todas las configuraciones personalizadas, aplicaciones individuales y modificaciones exclusivas. En ambos casos, si nuestras configuraciones previas no son fácilmente recuperables, debemos regresar a las configuraciones predeterminadas de fábrica, que son las operaciones básicas fundamentales pre-programadas, sobre las cuales la mayoría de las personas configura las propias. Cuando algo sale mal, el sistema vuelve a sus configuraciones predeterminadas.

De igual manera, a menudo nos sorprendemos reaccionando ante ofensas personales en formas que parecen parte de nuestra programación básica. Cuando algo sale mal en nuestra vida, la mayoría de nosotros reacciona en forma sistemática. La ofensa puede ser menor o una leve inconveniencia apenas, pero hay personas que automáticamente pierden los estribos y reaccionan ¡como si no solo su madre *sino también* su abuela hubieran sido insultadas! Y lo que a muchos nos parece grave, simplemente les resbala a otros que apenas se encogen de hombros y siguen su camino. Otras personas, en cambio, no reaccionan ante la ofensa y permiten que se las lleven por delante cuando habrían debido poner fin a la situación tan pronto surgió.

A menudo las personas que muestran más hostilidad o decepción al ser atacadas, responden en esa forma porque se sienten más vulnerables. Sé que suena extraño, pero he aprendido que con frecuencia las personas que menos perdonan siguen siendo duras porque están tratando de proteger a su proverbial niño interior de más heridas, decepciones y temores. Otras se sienten tan heridas por las ofensas que no dejan su familiar rol de víctima por la verdadera autenticidad de salirse del libreto y vivir. Si sabes que tus ruedas están atascadas y no te puedes liberar de viejos rencores, antiguos pesares y remotas heridas, es de vital importancia que analices el lodo en que estás atascado. Algunas de las muchas razones por las cuales rehusamos soltar viejos problemas, perdonar a quienes nos ofenden y seguir adelante, son estas:

1. No perdonamos cuando creemos que se nos ha arrebatado o dañado irreparablemente nuestro futuro.
2. No perdonamos cuando creemos que la traición no ha sido suficientemente expiada.
3. No perdonamos cuando nos defendemos y protegemos nuestro ser interior ultrajado, que a menudo no está a la vista ni siquiera para nosotros mismos.
4. No perdonamos cuando nos sentimos engañados y humillados públicamente.
5. No perdonamos cuando la confianza personal es traicionada.
6. No perdonamos cuando perdemos oportunidades.
7. No perdonamos cuando nos hemos visto forzados a sufrir en silencio heridas del alma: maltrato, descuido y rechazo.

Aunque dista mucho de ser una lista exhaustiva, este breve catálogo puede arrojar luces sobre las acciones por las cuales nuestros sentimientos se han quedado atascados. Todos hemos tenido momentos en los que nos hemos sentido heridos en lo más profundo de nuestro ser.

Muchas personas, sin embargo, se sobreponen y siguen adelante, mientras otras quedan inmovilizadas por las heridas recibidas e, incapaces de superar el agravio, reviven los incidentes una y otra vez en su mente. Prisioneras del pasado, quizás se preguntan por qué no han podido zafarse de su arena movediza emocional y alcanzar terreno firme. Otras, con heridas más traumáticas, se recuperan y las hacen a un lado; pero a pesar de sus mejores intentos, no logran dejarlas atrás porque les falta la libertad para re-crearse a sí mismas, revivir sus relaciones y reclamar oportunidades de trabajo. Y siguen debatiéndose en medio del mismo lodazal de ira, hostilidad y furia en el que empezaron.

Si te ha pasado lo mismo, ya sabes que esos sentimientos desgastan en una forma impresionante. Cada vez que tus emociones te controlan, en lugar de ser a la inversa, eres tú quien se convierte en un prisionero sin celda. Y hay quienes permanecen encarcelados de por vida, aunque las llaves de la libertad estén a su alcance.

Todo es relativo

Verás, por intransigente e inmanejable que parezca nuestra negativa a perdonar, la verdad es que tenemos otras opciones. Pero antes de alterarte, por favor ten presente que cuando digo que el perdón es una opción, no quiero decir que simplemente accionemos un interruptor ¡y conseguiremos que el mundo florezca en tecnicolor animado! En los próximos capítulos develaremos más de lo que implica la opción de perdonar. Pero antes, debemos volvernos conscientes de que la negativa a perdonar es un comportamiento adquirido.

No llegamos a este mundo con la propensión a ser rencorosos. Un bebé llora un momento y al siguiente él mismo se arrulla.

La negativa a perdonar no está presente en los niños pequeños. Un niño que ha sido reprendido ahora, al otro minuto puede estar abrazándote. En un momento dado ellos pueden estar peleando para mecerse primero en el columpio ¡y al siguiente jugar a la rueda-rueda-de-pan-y-canela tomados de la mano! He reprendido a mis hijos y el resentimiento les ha durado una media hora, pero poco después su amor vence al disgusto e inician la reconciliación sin que yo lo sugiera.

Si esta tozuda rabia implacable no es inherente a nosotros, ¿entonces por qué se convierte en nuestra configuración predeterminada? En realidad lo que tú y yo debemos tener claro es que quienes nos rodean enseñan su propio método de resolución de conflictos, muchas veces sin darse cuenta de que lo están enseñando. Muy temprano en la vida aprendemos muchísimo sobre el perdón y la negativa a perdonar, de nuestra familia y nuestra comunidad, de nuestros compañeros y nuestros amigos. ¿Alguna vez te pillas explotando y diciendo algo que tu padre solía decir? ¿O te sumerges en una indignación silenciosa, tal como tienden a hacerlo las mujeres de la familia mientras editan mentalmente el jugoso chisme sobre su ofensor que van a propagar? Observa con detenimiento a tu familia a ver si en su comportamiento hay trazas de la manera en que tú manejas el estrés.

Mi esposa siempre dice que si queremos saber qué piensan de nosotros los padres, veamos la reacción de sus hijos ante nosotros. Años atrás, caí en cuenta de que yo mismo soy prueba viviente de esa observación, pues por esa época me encontré a unos parientes que siempre me habían despertado dudas. Su trato era afable, pero yo me había mantenido a prudente distancia aunque ningún intercambio previo con ellos me generara esas dudas. La verdad es que no sabía por qué actuaba así, pero a mi madre tampoco le gustaban y tal vez la habría escuchado decirlo, y papá también recelaba de dos de ellos.

Debes saber que mi madre murió hace mucho tiempo, pero lo

que aprendí de ella aún vive. Muchas de las cosas que me enseñó a propósito, han sido aportes e influencias maravillosas en mi vida, pero nunca me enseñó deliberadamente su propio método para resolver conflictos. Esa fue una de las cosas que aprendí de niño, por observación. En retrospectiva, ahora me doy cuenta de que la idea de ser fuerte que mis padres tenían, más que una sana defensa para impedir que alguien abusara de nosotros, llegaba al extremo de desechar de plano a quien nos degradara, decepcionara o engañara en cualquier forma. Si mis padres encontraban que alguien había violado nuestro código ético, por grande o pequeña que fuera la infracción, esa persona era condenada sin esperanza de indulto.

Esa forma de desechar a las personas se consideraba una fortaleza. Guardo muy pocos recuerdos de mis padres reconciliándose con personas que los hubieran decepcionado en una u otra forma. Fueron más las veces que alguien caído en desgracia se ganó una sentencia a cadena perpetua sin posibilidad de libertad condicional por buen comportamiento. Aunque esas personas se disculparan muchísimas veces, mi abuela seguiría diciendo "¡Trátenlas con pinzas!", lo que significaba que si deseábamos evitar una sentencia parecida ¡debíamos recelar de ellos por siempre!

Disputa familiar

Con el tiempo, yo aprendería que muchas veces las personas nos hieren y no podemos hacer nada para evitarlo. Sin embargo, para deshacerme de la carga que es la negativa a perdonar, tuve que aprender por mi cuenta a repartir grandes cantidades del más precioso producto que más echaba de menos en mí: la misericordia. Aprendí que justicia sin misericordia no es justicia.

Debes saber que mis padres no se sentaron con papel y lápiz a enseñarme cómo aferrarme a la rabia; simplemente, como todos los niños, aprendí lo que veía. Aunque los vi manejar diferentes conflictos, la coherencia general de sus respuestas configuró un profundo patrón que para mí se convirtió en una visión del mundo, un paradigma para lidiar con las ofensas infligidas por los demás. Aunque no nos demos cuenta, los mecanismos aprendidos para lidiar con quienes nos ofenden, a menudo son los mismos que marcaban la pauta en nuestra familia.

En *Jumping the Broom*, una película de la cual fui co-productor, hay una línea del diálogo en la que su aristocrático personaje, el Sr. Watson, riñe con su esposa y le dice: "¡Tu familia siempre ha respondido a los problemas con sarcasmo y tú me estás tratando exactamente igual!". Al calor de la discusión, él acaba diciendo: "Y, francamente, me estoy cansando de eso". Con esa observación, el señor Watson sacó a relucir el estilo de su parentela política para manejar conflictos y su manifestación en la forma en que su esposa se relacionaba con él. Tal vez hayas escuchado manifestaciones similares de tu propio cónyuge y el eco de las voces de sus padres en medio de las discusiones de ustedes dos.

Cuando íbamos a casarnos, antes de la boda le dije a mi esposa: "¡No me voy a casar con tu familia y tú no te casarás con la mía!". Al empezar nuestra propia nueva familia, esperaba podar algunas de las ramas poco deseables de nuestros respectivos árboles genealógicos. Suena bien, ¿verdad? Claro que sí, pero es absolutamente imposible conseguirlo. No nos casamos con toda la familia, pero de alguna manera ¡muchos de los mecanismos de ellos para hacer frente a las situaciones se colaron en nuestra relación!

La mayoría de las familias sufre de una patología que ha pasado de generación a generación. Nadie firma un contrato ni presta juramento, pero hasta las generaciones futuras la heredan. Es una patología que no se transmite a través del ADN ni se estudia abiertamente. En realidad es una responsabilidad encubierta que adoptamos al acomodarnos al entorno en el cual germinamos. Nuestros padres y abuelos simplemente la escenificaban y los hijos que jugábamos obedientes en cualquier rincón, escuchábamos conversaciones telefónicas, observábamos a nuestros padres enfurruñados y silenciosos en el comedor semanas enteras, o extrañando amigos a quienes no querían hablarles por haber reñido con ellos. Esos mensajes, explícitos y tácitos, fueron nuestros maestros.

Y ahora nosotros enseñamos a nuestros hijos algunos de los métodos de interacción en conflictos, y tozuda justificación, que aprendimos de nuestros mayores. Calladamente, nuestros inocentes hijos toman notas que no podemos ver porque no las escriben con papel y lápiz, las registran en un lugar más difícil de borrar. Tal como alguna vez lo hicimos nosotros, ¡las registran en su corazón!

Con toda seguridad, mi santa madre no creó su propensión a guardar rencores, probablemente se la enseñaron igual que ella a nosotros. ¿Cuánto hace que esa mala costumbre se ha venido maquinando? Si no damos ejemplo perdonando, no podremos enseñar a perdonar. Si permanecemos enfadados con nuestros hijos, cónyuges o vecinos, estaremos enseñando a nuestros jóvenes que uno de los atributos de la edad adulta es la negativa a perdonar. Si no tenemos modelos de conducta misericordiosos, ¿cómo podremos aprender y derribar así los bastiones generacionales?

Piensa por un momento cómo es que tú mismo has aprendido o no lo que significa perdonar a alguien. Ninguno de nosotros estudió resolución de conflictos en la escuela. Nos graduamos del *college* sin haber hecho ni un curso de manejo de conflictos. Las iglesias nos dicen qué hacer, pero no dan ejemplo ni muestran cómo hacerlo. De hecho, de todos nosotros, muchas veces ¡las que menos perdonan son las iglesias! El presidente de una firma puede cometer una falta moral, recuperarse y seguir manejando la compañía. Pero cuando alguno de nuestros clérigos es sorprendido en una falta moral, a menudo se le destruye por completo. Más adelante, en otro capítulo exploraremos esa tragedia y discutiremos cómo se puede llevar de nuevo a la iglesia a que sea un lugar de sanación, reconciliación y perdón.

Si nuestras instituciones académicas no nos educaron y nuestras instituciones morales no nos enseñaron, ¿entonces dónde se supone que podremos aprender cómo dejar atrás nuestro dolor y perdonar al autor de la ofensa?

Envenenamiento del ánimo

La negativa a perdonar generacional es una corriente oculta que fluye silenciosamente bajo la superficie del núcleo familiar, e inevitablemente arrastra a cada hijo a las profundidades del resentimiento y prejuicio contra cualquier persona que se parezca a los ofensores de tiempos pasados. Los padres no lo consideran perjudicial, por el contrario, piensan que así están protegiendo a los ultrajados. Pero lo que un individuo le haya hecho a nuestra abuela no es razón para que nosotros evitemos a todas las personas de igual género, raza o filiación religiosa. En realidad, la idea de aferrarse a la negativa a perdonar generacional es tan absurda como la de ingerir veneno y esperar que sea otro quien muera.

Es posible haber evolucionado circunstancialmente pero seguir profundamente aferrado a tu propia perspectiva. Toda oportunidad de progreso requiere de alguna forma de adaptación extrema para no perderla y entrar en regresión, pero también puede llevarte a un estadio en el que tu carácter no pueda mantenerte.

Fíjate que cuando los Hijos de Israel fueron sacados de Egipto, como dice la Biblia, su opresor fue destruido y finalmente se cumplió lo prometido. Con su gran poder, Dios los rescató de su pasado. Sin embargo, con sus murmuraciones y quejas ellos demostraron que les estaba costando adaptarse a la libertad que tanto habían pedido en sus oraciones. El problema fue de adaptación. En pocas palabras, ellos salieron de Egipto pero Egipto no salió de ellos. Los israelitas deseaban la leche y miel de la Tierra Prometida, ¡pero después de cuatrocientos años de haber vivido de los puerros y cebollas de Egipto también los añoraban!

Si queremos aprender el arte de perdonar, debemos aprender a apreciar su dulce sabor, y si el sabor amargo se ha vuelto familiar para nosotros no quiere decir que sea el que en realidad anhelamos. Los viejos apetitos pueden ser rezagos de la indigestión por nuestro antiguo envenenamiento de ánimo. Si realmente deseamos vivir satisfechos, debemos aprender a cambiar nuestro menú.

El aroma del éxito

Hace unos años fui testigo de la labor de una señora que empezó a trabajar en zonas urbanas deprimidas con jóvenes que tenían la educación necesaria para trabajar en el mundo corporativo pero cuyo comportamiento social no estaba a la altura de su capacidad profesional. Aunque eran inteligentes, talentosos y capaces, estos jóvenes adultos no podían controlar sus problemas personales en el entorno profesional. Cuando se generaba algún conflicto, la reacción de ellos anulaba su capacidad.

De hecho, cuando se enojaban, regresaban a la furia callejera que era su configuración predeterminada. Ese mecanismo de defensa, nutrido por lo que habían presenciado y experimentado al haberse criado en una zona urbana deprimida, permanecía latente como una célula cancerosa en el cuerpo; solo era cuestión de tiempo para que las circunstancias dispararan los problemas.

Esta conversación con la señora me pareció fascinante, pues ella descubrió la razón por la cual a menudo estos jóvenes eran despedidos, a pesar de estar altamente capacitados. Usualmente ellos se lo achacaban a otras razones, como discriminación racial o de género, pero de hecho la razón era el resultado directo de su regreso a la inmadurez con que manejaban los conflictos.

Ellos permitían que el enojo o rencor que todos experimentamos alguna vez en el trabajo, dominara su mente racional y desviara su carrera de un rumbo ascendente a otro de turbulencia permanente. El principal objetivo de su consejera y entrenadora era re-capacitarlos para que lograran manejar sus sentimientos en forma profesional de modo que, en lugar de obstaculizarlo, les facilitaran el camino al éxito. Esta señora les ofrecía una cuerda de salvamento, pero sistemáticamente ellos volvían a caer al abismo de la disfunción familiar.

La señora me dijo que su mayor reto era conseguir que esos jóvenes reconocieran el problema que generaba su forma de manejar la presión en su sitio de trabajo. Ellos no entendían que sus irrazonables estallidos eran el problema, porque la única que conocían era su propia configuración predeterminada. Para ellos lo normal era el estallido. Si las personas han crecido en un ambiente de negativa del perdón, esta les parece aceptable y no comprenden que tiene un efecto desfavorable sobre sus posibilidades de progresar. Su modo de comportarse los aleja de oportunidades para las cuales están calificados académicamente, porque carecen de las destrezas sociales que les permitirían encajar y aportar en un entorno de colaboración.

Esos jóvenes entienden la negativa a perdonar como una fortaleza y el perdón como vulnerabilidad, pues no comprenden que para perdonar se requiere fuerza y madurez, y tampoco parecen darse cuenta de que sus sutiles señales de protesta los vuelven indeseables en sitios de trabajo profesional. Aunque no siempre empleaban un lenguaje soez o peleaban físicamente, igual que mofetas en el bosque, ellos dejaban por todos lados rastros de su perturbación. De modo que, iniciado un conflicto, eran pocos sus compañeros de trabajo que podían reanudar la relación.

Señales de tránsito

Recientemente, el Dr. Howard Hendricks habló en nuestro seminario para parejas casadas y las alertó sobre las formas no verbales de enviar mensajes a otras personas, que ocasionan determinadas respuestas de su parte. Eso me recordó las luces de tránsito. A menudo enviamos con los ojos señales de luz roja, verde y amarilla, pero no somos conscientes de que las estamos enviando. Entonces, aunque nuestros labios digan las palabras indicadas, es posible que bajo ese barniz políticamente correcto, nuestro lenguaje corporal transmita un mensaje de furia latente.

La fisiología de este proceso me fascina y me intrigó saber que cuando la amígdala se abre, las pupilas se dilatan. La amígdala es una masa de forma almendrada localizada en el lóbulo temporal del cerebro, que ayuda a regular muchas de nuestras emociones y motivaciones, en particular las que se relacionan con la supervivencia. La amígdala participa en el procesamiento de emociones como temor, furia y placer, y al dilatar las pupilas anuncia emociones como la de lucha-o-huida, de modo que quienes nos rodean perciben seguridad o peligro según lo que vean en nuestras pupilas. Ninguna de las dos personas lo hace conscientemente, se trata de una reacción biológica a la sensación sicológica de hostilidad o tranquilidad.

Esas señales hacen que quienes nos rodean sientan seguridad o agitación. Sin darnos cuenta, nosotros mismos podemos estar torpedeando nuestras oportunidades de reconciliación porque inconscientemente activamos nuestros mecanismos de defensa naturales o reaccionamos a señales hostiles no verbales de otra persona. Piensa en los animales que pueden sentir que su amo está disgustado y a menudo no se le acercarán si detectan una agitación que los amenaza y los hace huir o recelar. Esa es la diferencia entre una mirada hostil y una serena. Si me miras con hostilidad, me envías una señal que me pone a la defensiva porque hay un conflicto.

Lo anterior es una tendencia sicológica normal. Pero al permitir que esas señales inconscientes formen parte integral de nuestra norma, y no aprender a derribar las defensas y buscar soluciones, sutilmente alejamos a los demás y también damos a nuestros hijos el ejemplo de esas señales. Desde los que apenas empiezan a caminar hasta los adolescentes, todos nuestros hijos saben leer los mensajes no hablados que Mamá envía a Papá cuando levanta una ceja o los de Papá cuando pone los ojos en blanco al hablar por teléfono con alguien a quien aparentemente respeta. Estas silenciosas armas de destrucción rompen la calma del ambiente en el trabajo, la casa y los juegos.

Bueno, no es muy probable que podamos controlar esas señales fisiológicas normales, pero nuestro objetivo no es controlarlas. Aquí las menciono solo para enfatizar que son pistas que prueban nuestros sentimientos reales hacia aquellos con quienes interactuamos. Demasiado a menudo seguimos sintiéndonos incómodos con personas con quienes deberíamos haber resuelto nuestros problemas y normalizado el ambiente.

Si no podemos controlar la respuesta de nuestro cuerpo frente a la emoción que representa la negativa a perdonar, ¿cómo superar esa emoción? Me alegra que lo preguntes. Para poder empezar este proceso, debemos aceptar que el problema es el enemigo, no a la persona. Y nos interesa resolver el problema, no derrotar a la persona. Si empezamos a capacitarnos para atacar el problema y no a la persona, seremos mucho más productivos y romperemos ese ciclo heredado que nos priva de las oportunidades de progreso que surgen para nosotros.

Nuestro objetivo es madurar hasta un nivel que nos permita superar la incomodidad pasajera que se dispara cuando alguien nos ofende o nos incomoda con una agenda que no coincide con la nuestra. Si hubiéramos crecido en un ambiente de perdón y reconciliación, no permaneceríamos en estado de alerta extrema. Por fortuna, no todos los problemas son situaciones de alarma naranja, y discernir cómo responderemos a cada uno de ellos es parte de la madurez que nos llevará a maximizar nuestras oportunidades de crecimiento.

La ley de la selva

Ahora que hemos entendido el origen fisiológico y experimental de esas reacciones, debemos empezar a manejarlas para poder progresar. No volveremos a permitir que los malsanos modelos que inconscientemente llevamos arraigados socaven la meta de movernos dentro de un ambiente armonioso. Si nos permitimos continuar atascados, terminaremos a la par de otras personas igualmente inmovilizadas, mientras aquellas con tanque lleno y motor bien sincronizado aceleran rumbo a sus metas. La Biblia dice que el que a hierro mata a hierro muere y, resumiendo, si no des-aprendemos esos comportamientos siempre atraeremos personas con comportamientos similares.

Hay comunidades enteras que se convierten en guetos permeados por la violencia, y sin embargo nadie parece dispuesto a mudarse y construir su hogar en un entorno más seguro y tranquilo. Los residentes no se consideran rehenes de su comunidad, pero eventualmente aceptan la violencia frente su puerta y los delitos callejeros como algo normal. Tal vez se quejen, pero no toman acción para cambiar sus circunstancias. Como ratones entrenados para quedarse dentro de una jaula que tiene la puerta abierta, permanecen en su lugar como si fueran incapaces de salir por esa puerta a la libertad. Pero yo estoy aquí para decirte que puedes escapar del entrenamiento de tu pasado y evolucionar para que llegues a ser la persona que estabas destinada a ser.

Hace algunos años, en un safari en Sudáfrica, un guía muy

experimentado me llevó selva adentro. Fue maravilloso ver que especies tan diversas coexisten en una misma selva. Cuando nos adentramos más, vi feroces leones, letales serpientes, gigantescas jirafas y airosas gacelas, criaturas todas tan distintas, conviviendo en un mismo entorno peligroso. Pero me di cuenta de que conviven porque entienden las leyes no verbales de su selva.

Y pensé para mis adentros: "¿No es extraño que los animales provenientes de una selva llena de amenazas puedan morir en el zoológico, donde supuestamente todas sus necesidades son satisfechas y están protegidos?". Pero la verdad es que cada escenario es una selva y la supervivencia depende de lo bien que se comprendan y acaten las normas de cada selva nueva. El soltero que desea un cónyuge debe adaptarse a la selva del matrimonio. El clérigo debe adaptarse a una selva espiritual. El empresario debe adaptarse a la selva corporativa. En cada escenario de la vida hay que reconocer depredadores, espectadores y peligros. Si vamos a avanzar saliendo de la selva en la cual nacimos, debemos adaptarnos a la selva que nos espera.

Una vez, en el Peñón de Gibraltar, mi guía me dijo que los monos que nacen en la cúspide de la roca antes nacían con cola, como la mayoría de los monos; pero durante ciertos cambios de clima el frío era glacial y las colas se les congelaban y caían. Con el tiempo y muchas generaciones, los monos nuevos empezaron a nacer sin cola porque se adaptaron natural y orgánicamente a un nuevo entorno en el cual la cola era un penoso impedimento.

Las personas que se dejan llevar por el enojo en entornos civilizados, aún no se han adaptado a la selva nueva; no han reconocido que la actitud que una vez les permitió sobrevivir, ahora frena su avance y amenaza su supervivencia en ese nuevo entorno.

Me fascinó el discurso pronunciado por el Presidente Obama sobre la raza en América, durante la campaña presidencial, en el año 2008. En ese discurso afirmó que los comentarios aparentemente hostiles de su antiguo pastor estaban relacionados con la edad, y dijo: "Para los hombres y mujeres de la generación del Reverendo Wright, los recuerdos de la humillación y la duda y el temor no han desaparecido; como tampoco la ira y la amargura de esos años. Esa ira tal vez no pueda expresarse en público, frente a compañeros de trabajo blancos o sus amigos blancos. Pero sí encuentra eco en la barbería o alrededor de la mesa en la cocina".

Coincido perfectamente con esa observación de Obama. Verás, nuestros padres sobrevivieron a las atrocidades de [las leyes] Jim Crow y las golpizas y encarcelamientos que trajo consigo esa época. Para ellos resulta muy difícil adaptarse ahora a estos tiempos en los cuales, aunque ya no lleva sábanas encima, todavía hay racismo. Sé muy bien que tenemos mucho trabajo por hacer, pero también comprendo que esta es una selva de otra clase y el enojo de las generaciones anteriores es contraproducente en esta selva nueva en la que estamos.

Habrá muchos temas sobre los cuales estemos en desacuerdo por razones perfectamente justificables, pero nuestro derecho a sentirnos contrariados no es el problema aquí. Indudablemente, nuestro deseo de responder es más que un deseo, es una necesidad. Sin embargo, debemos superar las reacciones y el persistente descontento por el pasado. Nuestra intención no es permitir que un incidente se convierta en una guerra total. Si no aprendemos a responder y expresar nuestro desacuerdo sin virulencia ni represalias, iniciaremos una regresión a la selva vieja cuyas leyes estaríamos imitando y perderemos la preciosa oportunidad de vivir una situación nueva con una actitud nueva.

A fin de cuentas lo que debemos entender es que quizá hayamos adoptado la respuesta de una generación anterior que no encaja en el entorno que tuvimos la bendición de heredar gracias a ellos. A menudo nuestros mecanismos de respuesta son resultado de lo que vimos en nuestro entorno. Ahora, la educación, la oportunidad, la tecnología y la vida misma nos han ubicado en un entorno completamente diferente. Si no nos permitimos evolucionar y hacer uso del conocimiento, las herramientas y capacidades nuevas que están a nuestra disposición, corremos el riesgo de regresar a una existencia mediocre, en el mejor de los casos. Aunque quizá se nos haya condicionado sutilmente a reaccionar con base en el entorno del cual provenimos, nosotros no somos la misma gente que vivió en él.

Como los monos de Gibraltar que evolucionaron y dejaron de producir una cola que no les servía en su nuevo entorno, todos tenemos la oportunidad de que nuestra respuesta cambie para reflejar nuestro contexto contemporáneo. Ahora que en tu corazón te propones no responder a tu presente desde el dolor de tu pasado, estás un paso más cerca de entrar en tu futuro con una nueva libertad. Jamás pierdas de vista las valiosas lecciones ni la sabiduría de tus padres y antepasados, pues de ellos por lo menos hemos aprendido el arte de sobrevivir, o ni siquiera estaríamos aquí. Entonces, como diría mi abuela antes de que nos sentáramos a dar buena cuenta de los pescados frescos que mi tío llevaba a casa: "¡Cómete la carne y deja las espinas!".

Cuatro

No siempre el que calla otorga

En este tema del perdón, debemos volvernos conscientes de lo necesario que es hablar francamente y discutir las cosas que nos molestan, antes de que se llene la taza y se produzca una crisis. Por otra parte, sin una ofensa manifiesta o una traición flagrante, es difícil saber que hay algo que perdonar, y estoy convencido de que las semillas del resentimiento germinan en el silencio de frustraciones nunca manifestadas. Las otras personas no pueden leernos la mente ¡ni la palma de la mano! y por eso tenemos lengua para hablar.

Si no aprendemos a comunicarnos de manera franca y transparente, la silenciosa frustración de nuestras expectativas no satisfechas nos envenenará, sin que nadie se entere. Sé muy bien que llevamos dolorosas heridas emocionales tan profundamente reprimidas que no las discutimos ni siquiera con nosotros mismos. Y esas silenciosas frustraciones son la causa de tantas furias secretas que contaminan y destruyen en nuestro interior lo más importante para nosotros.

Consideremos también los resentimientos jamás mencionados y la enconada rabia escondida que guardan en su corazón personas amadas, mientras creemos que todo está bien por la falsa impresión de bienestar que recibimos de ellas. Cuando la persona llega a ese secreto punto de ebullición y se le rebosa la taza, explota de repente como un candente volcán de virulenta lava emocional, sumiendo la relación en una conflagración jamás imaginada. Me temo que en este mundo de mega-gigabytes, nanosegundos, Facebook, Twitter y mensajes de texto, la verdadera esencia de la comunicación a veces se pierde entre *tweets* y pixeles. El incesante ritmo de nuestra vida a menudo contribuye a reforzar las suposiciones que hacemos en silencio y permanecen latentes bajo la superficie de nuestras alegres respuestas de "Estoy bien, ¿y tú qué tal?", y antes de que nos demos cuenta, el germen del descontento se habrá multiplicado transformándose en un virus debilitante que pone en peligro nuestras relaciones y perjudica nuestra productividad y creatividad.

Mantenimiento preventivo

Con frecuencia, las personas nos honran o respetan tanto que por pura amabilidad silencian su descontento. A menudo este tipo de engaño es bien intencionado, pero en realidad puede privarnos de una buena oportunidad de luchar por un entorno mejor, sea en casa o en el trabajo. El hecho de que una persona se presente a su sitio de trabajo y lleve a cabo las tareas básicas asignadas no garantiza que se sienta verdaderamente realizada en su empleo. Una y otra vez he visto a la frustración actuar como un cáncer que invade silenciosamente a la persona que evita las confrontaciones hasta convertirse en mártir, simplemente porque carece del coraje o la destreza para comunicar sus pequeños descontentos. Y cuando te des cuenta, en la silenciosa evolución de un descontento que se habría podido evitar si esas pequeñas cosas se hubieran hablado mucho antes de convertirse en palabras mayores, ya habrás perdido un excelente integrante de tu equipo.

Tendemos a vivir nuestra vida como el mecánico que engrasa la rueda que está chirriando pero no revisa el motor. Como piensa que si el carro todavía arranca el motor debe estar bien, ni se molesta en chequear vitales niveles de líquido como el aceite del motor, el líquido de la transmisión, el refrigerante y, por supuesto, la gasolina. Las relaciones son el único caso en que el viejo dicho "Si funciona, déjalo quieto" no es un buen consejo. Esperar a que el auto se quede varado para revisar el motor puede ser demasiado tarde. Lo que habría podido evitarse con un mantenimiento de rutina se habrá convertido en un verdadero problema que aniquiló todo el motor.

El mantenimiento preventivo del auto, de quienes trabajan con nosotros, de la familia y de todo lo que poseemos y amamos, es una decisión sensata y proactiva. Todos pueden tener problemas y no haber chirriado jamás. El mantenimiento preventivo nunca es una pérdida de tiempo, más bien es una sabia manera de evitar que un grano de arena se vuelva una montaña. Por eso no hago más amistades de las que puedo atender, porque no es justo para mí ni para la otra persona que ni siquiera podamos asumir el compromiso básico de cumplir lo necesario para mantener una comunicación participativa. Las relaciones requieren mantenimiento. Hay que hacer una inversión de tiempo, energía y trasparencia que no podemos dar por descontada.

Si tienes pareja, necesitará mantenimiento; si tienes un perro, visitas al veterinario, caminadas y agua; si tienes un pececito, cambio de agua en la pecera y comida. Cuanto más tengas más deberás presupuestar no solo para adquisiciones sino también para mantenimiento. No te hagas cargo de más cosas de las que estés dispuesto a cuidar. Toma en cuenta el costo de la inversión relacional y comprométete a darle el mantenimiento necesario para que no pierdas la oportunidad de conocer a la otra persona.

Aprende a captar las señales de alerta tempranas cuando se están acumulando tensiones no habladas. Cuanto más pronto cortes por lo sano, menores serán las probabilidades de tener una ofensa en crecimiento dentro de la oficina, la iglesia o la casa, que amenace los puntos fundamentales de la relación. Si queremos aprender a nadar en el mar del perdón, no podemos flotar en la superficie y suponer que todo está bien porque el agua luce tranquila a nuestro alrededor. Debemos estar listos para zambullirnos y revisar periódicamente la temperatura, las corrientes y las mareas desde el fondo. En el trato con las personas jamás debemos suponer que el que calla otorga.

Un asunto para recordar

Sí, en cualquier relación, los mensajes silenciosos y conversaciones imaginarias deben tratarse constructivamente o se manifestarán como una destructora avalancha que arrasa todo a su paso. Recuerdo una pareja que me visitó recientemente por un distanciamiento conyugal que amenazaba destruir su feliz y dichosa unión de otros tiempos. Cuando la mayoría de las personas busca asesoría, por lo general ya tiene graves problemas y este caso no fue la excepción. Lo que alguna vez fue un grano de arena en su relación, se había convertido en la etapa cuatro de un cáncer que amenazaba todo lo que amaban y había sido tan importante para ambos.

La esposa se sentía lastimada y furiosa, y con buena razón. Había encontrado a su esposo en una situación muy comprometedora con otra mujer. El caso agregaba nuevos matices al viejo adagio de ser pillado con los calzones abajo, pues su esposa literalmente lo había encontrado con sus calzoncillos en los tobillos y estaba indignada.

Él lloraba mientras me contaban su historia. Y aunque el incidente había tenido lugar casi un año antes, era claro que ella no había tenido la fortaleza para poder perdonarlo y aún no estaba resuelta a dejarlo atrás. Lamentablemente esa situación imposible entre-irse-y-quedarse es como una tierra de nadie en la que muchas parejas pueden co-existir durante años, pero el hecho de que dos personas permanezcan juntas no quiere decir que estén felizmente casadas. La mujer no había dejado a su marido, pero era claro que tampoco estaba presente en su matrimonio.

Me tomó un rato llegar al fondo del asunto, y jamás habría podido hacerlo si en mi oficina no los hubiera separado para poder salir del estribillo de me-hizo-daño, e ir al grano. Cada uno de ellos era una persona seria y yo quería llegar a la verdadera causa oculta de esa infidelidad. Vi que él era un hombre honrado que había hecho algo deshonroso; se sentía apenado y avergonzado y cuando lo tomé por mi cuenta empecé a hacer el tipo de preguntas perspicaces que finalmente desenterraron la causa real del conflicto.

A primera vista, parecía que a ella le estaba costando perdonarlo, y era fácil saber por qué: el esposo había actuado en forma despreciable, sus acciones egoístas despertaron todas las inseguridades que ella tanto había luchado por ocultar y ahora se sentía inadecuada por cosas en las que él ni se fijaba. El conflicto de esta pareja no era por estrías ni por uno de esos días en que no nos sale bien ni el peinado. Pero cada pequeña falla que ella encontraba en sí misma la hacía gritarle a su marido y acusarlo repetidamente de más indiscreciones. Sin embargo, yo sé que a menudo la infidelidad tiene que ver más con el infiel que con la persona engañada.

Él había roto su juramento y ella estaba herida en lo más profundo de su ser. Él le había pedido que lo perdonara, y ella había accedido, pero para ambos era claro que no lo había perdonado. El comportamiento de su marido había desatado todos los zombis de su pasado y la vida de sus pensamientos había llegado a parecerse a la *Noche de los muertos vivientes*, su imaginación la hostigaba con posibilidades sin fin y sus recuerdos la obsesionaban con dolorosas imágenes. Estaba emocionalmente exhausta de luchar contra sus propios fantasmas, y ahora trataba de encontrar lugar para el perdón a pesar de sus heridas todavía abiertas.

Curiosamente, cuando llegué a la raíz del problema, encontré que la negativa a perdonar de él, ¡era aún mayor que la de su esposa! Y para empeorar las cosas, desde mucho antes de que la infidelidad explotara, el marido albergaba un resentimiento que su mujer ni conocía. Supe que si no descubríamos la causa, la relación estaría perdida. Él había vivido negándose a perdonar mucho tiempo antes que ella y la verdad es que estaba respetuosamente furioso con su esposa. ¿Qué tal? *respetuosamente* furioso, y por ocultarlo bajo el barniz de su buena educación había surgido entre ambos un cáncer creciente ¡que habría podido ser evitado!

Ajustando el termostato

Debemos entender que el perdón no se necesita solo cuando una norma se ha infringido. También se requiere si se niega la intimidad, no se satisfacen necesidades, o se ha perdido la comunicación sincera. El esposo se sentía atrapado en una tibia relación sexual que hasta cierto punto era emocional. Y, bueno, lo tibio funciona si a ambos les gusta esa temperatura; pero si uno de los dos opera a 212 grados Fahrenheit y el otro se siente feliz a 92, realmente tienen problemas ¡porque uno de los dos está dichoso a una temperatura que le provoca náuseas al otro!

Él había llegado joven al matrimonio, esperando que su esposa seguiría siendo tan "apasionada" sexualmente, como era emotiva y considerada en todas las formas que él necesitaba. Me confió que antes de casarse, ella se mostraba mucho más "apasionada", más libre y desinhibida. Sí, la relación sexual había empezado antes de cortar la torta de la boda. Pero el mayor problema era que, como él esperaba que la mujer que había sido su novia continuara siendo igual ya de casada, secretamente se sentía traicionado pues ella había vuelto a su temperatura normal. Pienso que a ella no se le había ocurrido que si agregamos algo a nuestra vida no podemos volver a nuestra normalidad; y me parece que tampoco él imaginó que ya de esposa, ella cambiaría. Ambos tendrían que haber encontrado una nueva normalidad como pareja.

Sin embargo, una vez casados, el fuego abrasador se había entibiado; y él estaba disgustado, no porque ella no tuviera lo que él quería, lo cual podría entenderse, sino porque durante el noviazgo ella había revelado su capacidad para compartir la pasión que él buscaba. Y con el paso de los años, él vio a su resentimiento multiplicarse exponencialmente. Por otra parte, la vida y las responsabilidades no los habían llevado a invertir adecuadamente uno en otro y tampoco se habían comunicado con franqueza. Así que él vivía secretamente frustrado y ella ni se había enterado.

Nadie puede extraer de una persona lo que no tiene adentro. Pero él vivía iracundo porque sentía que ella se le estaba negando y me explicó que se sentía como en esas ventas con publicidad engañosa, en las que una tienda te atrae con la oferta de un producto a un precio bajísimo, del cual ya casi no hay existencias, y cuando llegas a comprarlo te ofrecen en su lugar uno más caro. Él pensaba que ella le estaba negando el acceso a las profundidades que le había revelado, pero no tenía en cuenta que el atafago del diario vivir la había privado del lujo de poder conocerse ella misma. Ambos vivían tan atareados que el tiempo se les había pasado en un perenne modo de supervivencia hasta que la corriente de la vida que juntos habían construido los hundió.

Excavando la verdad

Tal vez porque ella había sido tan buena madre y compañera, este hombre había decidido aguantarse la vida sexual que llevaban y sepultar lo que realmente sentía, porque aunque le guardara resentimiento, la amaba. Sus emociones se habían complicado en parte por no haberlas ventilado en una conversación franca y sinceramente, pero también es cierto que la infidelidad no había sido culpa de ella. Él habría podido decirle no a la tentación, mirar dentro de sí mismo y también buscar consejo: él había sido y es responsable de sus decisiones y acciones.

Sin embargo, conversando con él, empecé a desenmarañar una relación en la cual él jamás le había mostrado francamente su corazón ni le había dicho lo que necesitaba de ella, fuera de tenerle cena en la mesa y pañales para los niños. Ambos se habían dejado engañar por el silencio que los había envuelto en un falso sentimiento de seguridad y no habían pensado en el mantenimiento que requiere tener más de lo que sea. Él me contó que de vez en cuando ella había parecido interesarse un poco en la vida íntima de los dos, pero se había contentado con mantener una consciencia muy básica de su amor físico, incluso las veces en que ocasionalmente le permitía vislumbrar destellos de la pasión más profunda que albergaba en su interior. Aunque para él "eso" era tan importante como podrás imaginar, había ocultado sus necesidades y fingido conformidad en la cama mientras añoraba a la mujer con quien creía haberse casado. Y ella no podía entender que "eso" y "él" estaban intrínsecamente unidos.

Él jamás había discutido con ella el hecho de que a menudo se sentía deprimido por lo que ella consideraba un nivel de intimidad satisfactorio. Pero nunca le había dicho que haberle permitido ver cómo podía ser o sería si fuera más abierta, había sido como mostrarle un trozo de carne y no dejar que lo alcanzara, dejándolo más hambriento y calladamente frustrado. En lugar de correr el riesgo de revelar sus verdaderos deseos y discutir francamente sus necesidades, podría decirse que él decidió "dejarse llevar para bien llevarse". Tontamente intentó compensar su descontento con pornografía y se enredó en una aventura con una mujer que no quería, por proteger a la que realmente amaba. Pero no parecía darse cuenta de que por proteger los sentimientos de ella, le había roto el corazón. Sabiendo que muchas mujeres se divorcian sin saber jamás lo que realmente causó la brecha entre ambos porque es tan difícil conseguir que los hombres hablen, lo animé a que se sincerara y hablara francamente con ella pasara lo que pasara.

Someterse a la misión

Muchos matrimonios no sobreviven a un trauma así, y los que sobreviven a menudo necesitan varias fases para curarse. Hay un término para describir a las personas que han dado y dado hasta que ya no les queda nada para dar: "Fatiga del donante". Muchas veces, las personas que han luchado juntas contra un cáncer o enfrentado la muerte de un ser querido, simplemente se separan cuando todo ha pasado, porque gastaron tanta energía en tan poco tiempo que emocionalmente no les queda nada que aportar para la etapa de y-vivieron-felices. Agotaron el presupuesto de su amor y sufren la fatiga del donante, pues cuando se hacen retiros constantemente, sin consignar, se agota el patrimonio y el saldo entra en barrena hasta quedar en ceros. Un déficit así generalmente lleva cualquier relación a la quiebra. Y los que logran conservarla lo hacen porque han aprendido el arte de amar por encima de las ofensas: simplemente construyen sobre el patrimonio acumulado durante años de relación o sobre el enorme inventario de afecto para poder trascender a la ofensa. Y aunque el mundo, y a menudo los medios, critican (en parte, creo, para no analizar sus propias relaciones fallidas) a los que permane cen, la realidad es que todos los días vemos parejas que sufren una afrenta personal como la de Hillary Clinton pero encuentran la manera de mantener su dignidad y amar más allá de la ofensa.

En el caso de la pareja que buscó mi consejo, ambos querían que su matrimonio funcionara y ese deseo prevaleció sobre la programación personal y el ego herido de cada uno de ellos. Para poder hacer el tránsito a una nueva temporada de sanación y reconstruir su confianza, ambos debieron encontrar un punto de sumisión. Considera el significado real de la palabra "sumisión": literalmente es someterse a la misión. Significa que acordamos que en la relación el "nosotros" es más importante que el "yo"; y que ambos estamos dispuestos a someternos a la misión del "nosotros".

Cuando la vida que juntos soñaron todavía sea tan importante que ambos estén dispuestos a aportar más para cubrir el sobregiro que cuesta la ofensa, entonces se estarán sometiendo a la misión. Pero esto solo se puede hacer si la misión supera a las fechorías. La confianza debe ser recuperada con el tiempo y a menudo en bastante más tiempo del que cree el ofensor.

En los sitios de trabajo, muchas personas tienen una agenda personal pero no están comprometidas con la misión de la compañía. En la oficina quieren ser la superestrella o conseguir un ascenso, pero son ajenas al concepto de equipo y no entienden que fueron contratadas para mejorarlo y no para competir contra el equipo. Me temo que en últimas, todo se reduce a puro egoísmo, y por duro que suene, es mejor que lo identifiquemos o no podremos corregirlo. Si no crees en el poder de un equipo, entonces debes tener la propiedad exclusiva y trabajar en tu sueño única y exclusivamente. Si no crees en el equipo, no te cases. Porque si lo haces, ¡tendrás que renunciar a parte del "yo" en todo por el "nosotros" en todo!

Amar por encima de la ofensa

De igual manera, cuando nuestras propias necesidades superan la importancia de nuestra misión colectiva, nadie se somete a la misión y cada quien toma su propio camino. Lo veo en las iglesias, que se dividen; en los matrimonios, que se divorcian; y en las familias, donde madre e hija o padre e hijo pasan años sin hablarse. Con demasiada frecuencia la relación se deteriora tanto que no hay manera de repararla ¡porque las personas están en una bancarrota emocional que no les deja nada para ofrecer!

La pareja que aconsejé, profundizó mucho y ambos acordaron amarse por encima de la ofensa y someterse a la misión de su matrimonio. Cuando la ofensa es profunda lo que se necesita es amor, porque el amor nunca falla. La culpa falla, la venganza falla, ¡pero el amor nunca falla!

De modo que los alenté a buscar formas de comunicarse información que no siempre es amable o halagadora, a fin de proteger la misión que era tan importante para ambos. Esconderse no ayuda a la intimidad; la destruye, y yo quería que este hombre entendiera que la indiferencia sexual de ella no era una puerta con llave y candado sino simplemente una puerta cerrada que podía volver a abrirse. Misericordia, Señor, pues no fue fácil y a veces esa apertura hizo que ambos lloraran y se enfurecieran. Les hice ver la importancia de envolver lo difícil de escuchar en lo que es fácil de escuchar. ¡Algo así como ponerle miel a una cucharada de aceite de ricino!

Su sincera comunicación de corazón debía incluir lo maravillosa que era ella, cuánto la amaba él y cuánto deseaba acceder más plenamente a ella; y qué necesitaba para crear una atmósfera que la hiciera sentir segura para que pudiera liberar aquello de lo que solo le había permitido ver fragmentos en el pasado. Él tuvo que aprender que no es lo que se dice sino cómo se dice. Rápidamente empezó a caer en cuenta de que su silencio no había sido oro sino apenas papel de estaño en el que había envuelto el contorno de su infidelidad. Algunos hombres, y también algunas mujeres, encuentran difícil decir abierta y francamente su manera de ser incluso a quienes verdaderamente aman.

Otros no se conocen a sí mismos lo suficiente para explicarse. Son como ciegos en una exposición de arte o sordos en la ópera. No tienen las destrezas para expresar o apreciar el momento hasta que casi se ha ido. Esto constituye un obstáculo adicional, no es insuperable, pero de todos modos hay que sortearlo si se quiere reparar y restaurar la relación. Hay que aprender nuevas habilidades. Hay que des-aprender y abandonar los hábitos pre-determinados. Las formas de comportamiento que alguna vez fueron efectivas o incluso productivas, ahora podrían estar en desuso y ser obsoletas.

Tristemente este hombre dio un mal paso y cayó en los atajos tan comunes entre los hombres. Se relacionó con alguien que no deseaba, bajo el supuesto de proteger a quien sí deseaba. Por fortuna, ambos son inteligentes y mostraron su arrepentimiento ante Dios y ante ellos mismos y comenzaron a practicar con las herramientas de comunicación necesarias para evitar otra situación parecida. Sentí un gran alivio, porque muchas veces con un comportamiento así no hay final feliz; pero por fortuna, este caso sí lo tuvo. Al final del juego de la culpa, ellos se dieron cuenta de que el verdadero culpable no era él ni era ella, sino el tumor de silencio al cual ambos le permitieron robarles lo que ahora luchaban por reconstruir.

Pero no basta decirle a la gente que se comunique. La mayoría encuentran más fácil criticarse y quejarse que revelar la vulnerabilidad de sus necesidades y expectativas. Pienso en tantas parejas que terminan peleando por las cuentas, que no tienen nada que ver con la fuente de la frustración de ninguno de los dos. Mi oración se ha convertido en "Señor, enséñanos a decir lo que pensamos aunque corramos el riesgo de incomodarnos uno al otro por unos momentos".

Este poder de la verdad no está relegado únicamente al matrimonio. La esencia de la autenticidad y la comunicación sincera se relaciona con cada campo de la vida en los que tanto está en juego y necesitamos ganar. En la crianza de los hijos es importante romper el silencio o nos arriesgamos a perder a nuestro hijo. Y necesitamos hablar, pero también escuchar. Hacer preguntas y no permitir que las suposiciones nos dejen una falsa información que acabe con el amor entre los dos. Como empleador, he aprendido que muchas veces las personas han dejado un empleo muchísimo antes de haber renunciado. Todo porque soportan cosas que se habrían podido discutir y remediar fácilmente, pero en lugar de hacerlo así, se acumula el rencor hasta que su descontento se vuelve un infierno. En pocas palabras, lo que no sabes sí puede lastimarte. Y también puede lastimar a quienes te rodean.

Pero bueno, antes de crucificar a tu pareja en una percha, haz tu propio sicoanálisis. ¿Cuántas veces has dicho que te gusta algo que no te ha gustado nunca? ¿Cuántas veces has permitido que tu necesidad de que se te considere un buen chico o buena chica sobrepase tu necesidad de transparencia y comunicación? Las personas mienten todo el tiempo, con la boca abierta y también con la boca cerrada. La verdad se evapora y ambas almas quedan siempre resecas con solo un espejismo, la ilusión de un oasis, entre ambas.

Decir la verdad en el amor

> "...antes bien, siendo sinceros en el amor, crezcamos en todo hasta Aquel que es la Cabeza, Cristo".
>
> *(Efesios 4:15, NIV)*

Las consecuencias del silencio a menudo surgen después de que la relación se ha derrumbado, como el descubrimiento de que había termitas en una casa que lucía hermosa y sólida hasta el día que simplemente se desplomó. Quisiera tener un dólar por cada vez que he visto perderse un acuerdo que habría podido ser negociado si la gente simplemente hubiera aprendido a hablar. ¿Cuántas veces, después de que un acuerdo no resultó, sales preguntándote qué podrías haber hecho para que funcionara? El punto se pierde entre las emociones y el enojo prevalece sobre la razón. Y cuando eso ocurre, todos sufrimos las consecuencias.

La lucha de los ejecutivos por el poder, la desconfianza hacia las personas con quienes trabajas, destruye mucho potencial y posibilidades. Confrontar el asunto como un problema es mucho más efectivo que atacar a la persona. A nadie le gusta ser atacado, pero si puedes conseguir que la otra persona te ayude a atacar un problema común, ambos obtienen un resultado mucho mejor.

El reto es crear un entorno en el cual las personas puedan ser transparentes, se fomente la productividad de todas y se construyan vínculos de equipo que duren más allá de la sepultura. Sí, tú puedes intimidarlos y obtener una conformidad temporal, pero el cáncer del conflicto que parecerá haber entrado en remisión, seguramente resucitará una y otra vez hasta que tú crees alguna forma de que alguien diga lo que todos sienten ¡así no sea lo que a ti te gustaría oír!

Señor, ayúdanos a mostrarle a jefes autoritarios, vendedores, padres trastornados y esposas furiosas, que ganar la batalla de la discusión no quiere decir que se haya ganado la guerra. Solo porque hables más que una persona y esa persona calle, no significa que ese silencio sea señal de que has ganado. A menudo es exactamente lo contrario. Para poder negociar el trato gana-gana que queremos cerrar en cada escenario de la vida, debemos arriesgarnos a ser sinceros con nuestros seres queridos, y necesitamos involucrarnos, sea cual sea la relación.

Todos los involucrados deben tener una voz que no sea obstaculizada ni oprimida. Créeme, hay muchas maneras de hacer callar a la gente. Las personas religiosas lo hacen todo el tiempo. Usan la fe que profesan para intimidar con las Escrituras, normas y reglamentos, a la persona que quieren silenciar. La gente sin pelos en la lengua calla a los que hablan despacio y gradualmente los lleva a un inquietante silencio que acaba con el amor y despierta rencor. Todo esto puede crecer dentro de la otra persona sin que se diga una palabra más.

La intimidación puede ser culpable, pero a veces lo que lleva a un giro drástico de los eventos no es la intimidación de una persona sino la inseguridad de la otra. Seamos realistas: muchas personas no cuentan con las herramientas que se requieren para sostener la discusión que desean.

Puntos de conversación

La pareja que aconsejé aprendió lo que cada CEO o Director Ejecutivo debe aprender para poder crear la clase de ambiente que estimula el crecimiento de la compañía. Hay que crear un entorno en el cual las personas puedan decir lo que necesitan decir y no solo lo que tú quieres oír. Si te vas a beneficiar de las personas a quienes das empleo no puedes intimidarlas hasta silenciarlas y perder la oportunidad de volver más efectivo el equipo. Puede ser que acuerdes ceder en las soluciones finales, pero nadie gana si uno de ustedes debe enmudecer para que el otro sea feliz.

Si realmente quieres arreglar las cosas en el trabajo, en casa, o en la iglesia, debes estar dispuesto a escuchar aunque la persona tartamudee para comunicarse o toque un nervio. El amor crece cuando permitimos que cada persona tenga voz. ¿Cómo vas a obtener lealtad en un entorno laboral que no permite aportes? Lo que obtengas será un creciente resentimiento y estoy tratando de hacerte entender que esos problemas no muestran síntomas hasta que la relación está en las etapas finales de frustración y ese daño puede traer consecuencias funestas para la misión.

Hay ocho antioxidantes que puedes usar para evitar la silenciosa erosión que destruye a quienes necesitas.

1. Cultiva el arte de escuchar en forma incondicional.
2. Trata de meterte en los zapatos de la persona cuya frustración debe ser atendida.
3. Entiende que si una persona dice que no le gusta lo que hiciste, no significa que no le gustas tú.
4. Trabaja para lograr un acuerdo mutuamente aceptable en lugar de ignorar egoístamente su petición y defender tu posición.
5. Premia todo comportamiento que mejore la satisfacción de las necesidades que se han discutido.
6. Reserva tiempo para hablar con las personas que critican tus metas a largo plazo.
7. No reprendas a las personas por tener necesidades diferentes a las tuyas o puntos de vista que no hayas considerado.
8. Ataca el problema y no al individuo.

Estos pasos pueden ayudar a evitar muchas calamidades si se usan como modelo para corregir problemas antes de que se presenten. Además, implementarlos antes de que surja una crisis puede ahorrarle dinero a la compañía o estimular la comunicación entre la pareja. De modo que si ambos están tratando de resolver un problema con sus hijos que están madurando (a quienes de hecho criaron para que tuvieran opiniones propias, pero no quieren oírselas cuando los chicos desean expresarlas), o con tu cónyuge (de quien puedes creer que necesita aprender lo que tú ya has descubierto, cuando es completamente a la inversa), o con tu equipo de trabajo, asegúrate de poner sobre la mesa las verdaderas destrezas de manejo del perdón. Eso te granjeará el cariño de tu personal y generará una lealtad que no tiene precio. Y pueden salvarte de la desgracia de alejar de ti a una persona desesperada que quiere estar contigo pero, si la dejan sola, podría hacer tonterías por no arriesgarse a tus iras pues no puede hablarte.

Quien haya dicho que el silencio es dorado ¡no conoce el cobre! A medida que avancemos en este tema tan importante, posiblemente te darás cuenta de que tienes algunas tareas que cumplir. Tal vez debas perdonar a alguien que no cayó en cuenta de que necesitabas algo porque no se lo comunicaste efectivamente. Quizá debas perdonar a quien desde una posición narcisista no hizo los arreglos para que pudieras expresar tu opinión. Posiblemente debas evitar que la necesidad normal de defenderte te gane, para que puedas escuchar lo que el otro esté tratando de decir.

La buena noticia es que estas herramientas te pueden ayudar a evitar que sea en un tribunal donde te veas forzado a escuchar realmente lo que la otra parte ha venido diciendo repetidamente. La información que comparto en este libro es mucho más manejable que las consecuencias de no conseguir las herramientas que dan voz a las inquietudes antes de que se conviertan en cáncer. El que calla no siempre otorga, de modo que empieza a practicar el arte de la comunicación. La oratoria es mucho menos valiosa que las conversaciones privadas, así que practica ese arte en casa y en el trabajo, donde tienes tanto que ganar y tantísimo que perder.

Cinco

La fuerza de los limpios de corazón

En la Biblia aparece un sermón de Jesús llamado Las Bienaventuranzas, una de las cuales considero esencial en nuestra exploración durante esta sanadora jornada hacia el perdón. Jesús dice: "Bienaventurados los limpios de corazón, porque ellos verán a Dios" (Mateo 5:8, NIV). En esta declaración, Jesús nos señala la relación entre el estado de nuestro corazón y nuestra capacidad para experimentar lo divino. Básicamente, Jesús nos dice que el secreto para conocer a Dios es la limpieza del espíritu, y pone de presente la importancia de mantener nuestro ser interno ordenado y sin desechos.

Debemos entender que el corazón del cual se habla aquí no es el que late en tu pecho sino el núcleo de tu esencia, tu ser interior o tu espíritu. En ese pasaje, el término "limpio" se refiere a la catarsis o disolución de un bloqueo para restablecer la libertad de movimiento. Verás, si un bloqueo del corazón físico es potencialmente letal, igualmente mortal es el desorden que puede contaminar válvulas y ventrículos de nuestro corazón interior. La insinuación no es que se evite ese bloqueo, porque como ya lo hemos dicho, siempre habrá ofensas. Lo que las palabras de Jesús sugieren es que las personas no permitan que la ofensa bloquee las arterias de su ser interior creativo para que, libres de la opresión del corazón que amenaza la vida y ahoga el alma, experimenten el júbilo y la libertad de una relación íntima con su Creador. Cuando las personas se liberan de su vieja debilidad emocional se sienten bendecidas, más productivas y con mucho más fundamento que aquellas bloqueadas por incidentes, tragedias e injusticias.

Las viejas ofensas que no dejas ir se aferran a tu corazón y afectan la tranquilidad de tu desempeño pues no te permiten practicar tu capacidad de perdonar las heridas y seguir adelante. Sea cual sea el método de resucitación cardiopulmonar que apliques al alma: terapia, autoevaluación, o una sana confrontación, el perdón es un regalo que te das a ti mismo para seguir adelante. En lugar de atascarte y atarte de por vida a un momento adverso que constantemente re-iteras, re-vives y re-sufres, puedes utilizar el perdón como un catéter para tu corazón que trasvase las venenosas emociones del núcleo de tu ser interior, tal como un catéter médico drena los desechos tóxicos y los saca del cuerpo.

Verás, para poder sobrevivir y perdonar debe haber una catarsis, una limpieza profunda del alma; pues con cada estancamiento emocional, tu salud interior se ve amenazada. Los eternos problemas que no se resuelven son letales para tu bienestar y bloquean las bendiciones de nuestra creatividad, oportunidad y receptividad a nuevas experiencias.

A menudo el proceso empieza por enfrentar la verdad en nuestro interior y admitir que nos hemos quedado atascados re-viviendo o re-iterando lo que debemos eliminar y soltar. No ganas nada con tener a tu ofensor como rehén de tu enojo, ni exigiendo un rescate que a menudo ese ofensor ni siquiera podrá pagar. Porque en realidad, el único rehén eres tú mismo, y también eres el único que puedes rescatarte a ti mismo con el poder del perdón.

Detectores de humo

Por favor entiende que no estoy diciendo que una persona no deba experimentar enojo tras recibir una ofensa. Sé que la combinación de un libro sobre el perdón escrito por un clérigo podría llevarte a creer que tal vez se trate de una amable guía para convertirte en alguien como la protagonista de la novela Pollyanna, que vive saltando entre tulipanes, sonríe, canta y pone alegremente la otra mejilla ¡mientras bendice a la persona que acaba de abofetearla! Por el contrario, si el enojo se canaliza en forma constructiva, se puede convertir en una ventaja increíble y un potente motor de catarsis.

Provengo de generaciones de personas que hablan sin pelos en la lengua, testarudas y abiertamente hostiles si se les provoca, características familiares que no siempre había valorado, pero he aprendido que el perdón no nos quita poder ni exige que el enojo desaparezca. Muchas veces el enojo puede proveer enfoque, energía y determinación para analizar una situación y la ofensa causada. Lo que no debes permitir, es que el enojo encierre a la razón en el baúl del auto ¡y se convierta en el conductor de tu viaje!

Aunque la idea no es que el enojo sea lo que determine tus decisiones y el trato que des a las personas, tampoco hay que desecharlo como algo malévolo. Se ha reconocido que la ira es una emoción saludable. De hecho, cuando las personas pierden el deseo de vivir, a menudo es claro que han perdido la capacidad de sentirse provocadas o indignadas. Para empezar, el enojo activa una alarma por alguien o algo importante para ti, ¡aunque ese alguien seas tú mismo! Como el detector de humo que señala la presencia de un fuego que puede destruir tu hogar, el enojo dirige tu atención a un problema del que no puedes hacer caso omiso si quieres sobrevivir.

A menudo el enojo nos ayuda a enfrentar aquello que de otra manera pasaríamos por alto. A veces escucho a algunas personas enseñarles a otras que simplemente hay que dejar atrás las ofensas y olvidarlas. Pero lo cierto es que es difícil seguir adelante si no has dicho algo al respecto y esa falta de cierre se puede convertir en un escollo que te mantenga varado en un incidente del cual necesitas liberarte.

No puedes superar lo que no enfrentas ¡y muy pocas veces enfrentamos algo que nos ha enojado o angustiado! Además, creo que es importante no acercarse al perdón bajo una versión encubierta o ficticia de quién eres y cómo eres. Para enfrentar los problemas se necesita coraje, y para resolverlos, sabiduría. Hay quienes tienen el coraje de enfrentarlos pero carecen de la sabiduría para superar la emoción inicial y resolverlos en forma productiva. A menudo el enojo es el catalizador que te hace enfrentar todo, desde un aumento de peso hasta ser ignorado para un ascenso, pero, como con cualquier vehículo, debes fijarte bien a dónde te lleva. Si tienes la clase de enojo que hiere a otras personas, daña tus propios bienes o deja de lado tus principios, entonces tu vehículo está fuera de control. ¡Pero tampoco hay que tirarlo a la basura sólo porque le haga falta una sincronización!

De fábrica vienes con el enojo bajo el capó, para que tú puedas usarlo, no para que seas usado por él. Tal como el sistema de alertas del tablero de instrumentos, el enojo te alerta sobre la parte del vehículo que requiere atención inmediata. El enojo no es un regalo que debas rechazar ¡pero debes desempacarlo con mucho cuidado!

Me tomó bastante tiempo aprender a aprovechar su combustible para volverlo constructivo y no destructivo. Entre mi madre, que siempre decía lo que pensaba, y mi padre, que acostumbraba responder a su franqueza con tácticas de terrorista, en mi niñez la cosa podía volverse realmente dramática en casa; un drama que yo no quería ver repetirse en mi propia vida.

En consecuencia, mi esposa y yo decidimos que cuando llegáramos a ese nivel de enojo en nuestro camino, tomaríamos la próxima rampa de salida y nos quedaríamos un rato fuera de la carretera. Ese tipo de interacción basada en el enojo era la que no queríamos ni estábamos dispuestos a permitir. De manera que ambos tratábamos de no decir o hacer algo que nos hiciera perder nuestra compostura emocional. Y aunque a menudo funcionaba y podíamos calmarnos, pronto los dos nos dimos cuenta de que ¡a veces es necesario sacrificar modales y etiqueta en aras de decir la verdad y mantenerla real!

Tuve que aprender que por sí y en sí mismo, el enojo no es la fuerza destructiva que yo creía que era. Solo es cuestión de lo que haga con mi enojo, de la forma en que canalice su inflamable energía. El enojo es una emoción que Dios nos da, y si la manejamos correctamente puede ser de gran beneficio. La indignación justificada es una verdadera bendición que puede ayudarte a restablecer el orden y recuperar la paz. Si Jesús se enojó y restableció el orden en el templo (Marcos 11:15-19), entonces ustedes y yo debemos entender que hay cosas en nuestro interior y a nuestro alrededor que no corregiríamos si no nos causaran enojo. ¿Qué está sucediendo en tu iglesia, tu vida y tu hogar que exista solo porque hayas aceptado dócilmente una situación que habrías debido enfrentar?

El enojo correctamente encauzado puede hacer mucho por aliviar la aflicción ocasionada por un límite irrespetado. Aunque no es tan romántico como el afecto ni tan políticamente correcto como la cortesía, el enojo sí ayuda a borrar la máscara de una fachada estoica y mostrar nuestra posición en asuntos que significan mucho para nosotros. El enojo forma parte de la pasión que generalmente es señal de que todavía nos importan las cosas. Sé dueño de tu enojo y deja de negarlo. Cuando veo que alguien demuestra su enojo, lo primero que se me ocurre es que todavía hay algo que le importa ¡lo que realmente me alarma es ver que una persona no reaccione! Ayúdate a re-pensar cómo puedes emplear constructivamente tu enojo y analiza sus cualidades positivas, ninguna de las cuales proviene de la indiferencia.

1. El enojo hace que las personas digan su verdad. Puede que no sea toda la verdad del asunto, pero con seguridad es la verdad de ellas.
2. El enojo impone límites y deja saber a quienes nos rodean por dónde van sus líneas. Tal como una cerca invisible crea una sacudida de bajo voltaje para recordarle a los perros los límites de su área de juego, un poco de enojo permite que los demás conozcan los tuyos.
3. El enojo libera energía. Es el combustible que impulsa nuestra adrenalina para ayudarnos a enfrentar retos que no habríamos resuelto si nuestro enojo no hubiera arrancado.
4. El enojo nos da coraje; a menudo nos ayuda a enfrentar lo que de otra manera suprimiríamos, ignoraríamos o negaríamos. El enojo nos ayuda a superar el decoro, la cortesía y la fachada.

En este aprendizaje para liberar el poder del perdón, debes comprender que no estoy tratando de re-modelarte emocionalmente ni convertirte en una estatua pasiva, sin vida, situada en el centro de tu mundo como un maniquí en la vitrina de una tienda por departamentos. No, de ninguna manera, el perdón tiene todo que ver con la aceptación de ti mismo y con el amor a todas las partes de ti mismo, incluidas las emociones como el enojo. Simplemente debes administrarlo y centrarlo, no descartarlo ni suprimirlo. Lo ideal es que, como la llama de una de las viejas lámparas de aceite de mi abuela, el enojo proporcione iluminación y no el hollín que ennegrece la lámpara cuando la mecha es demasiado alta. El enojo sin freno bloquea tu visión y te hace percibir incorrectamente las cosas. Por eso los boxeadores profesionales evitan el enojo cuando pelean, porque afecta la claridad mental y, como en cualquier situación, ¡un enojo desenfrenado puede echar a perder buenas oportunidades!

Peligroso explosivo

Tal como muchas fuentes de energía que son productivas solo si se utilizan y manejan con cuidado, el enojo opera en forma similar. Comprendido el propósito y poder del enojo, ahora debemos analizar sus potenciales peligros. Una planta de energía nuclear puede producir miles de millones de kilovatios de energía, pero una bomba nuclear puede devastar medio continente con una explosión de hongo atómico, dejando desechos radiactivos que envenenarán todo ser viviente durante generaciones.

Como hemos visto, a menudo el primer paso es simplemente identificar el enojo como lo que es. Un amigo mío tiene en la oficina un pequeño guacal de madera sobre su escritorio de roble. En uno de los lados del guacal, ya desteñidas, hay dos palabras impresas: PELIGROSO EXPLOSIVO. Cuando le pregunté a mi amigo por ese guacal, ¡me dijo que era su cajilla de entrada! Me reí y entonces me explicó que en realidad es un viejo empaque de tacos de dinamita. Todos sabemos que la dinamita es peligrosa, pero lo que hace al enojo tan poderoso es que se disfraza de muchas maneras.

Sí, puede camuflarse de muchas maneras. Puedes estar pensando: "Bueno, pero yo no estoy enojado", y tal vez no lo estés. Pero antes de saltarte esta sección, entiende que el enojo no siempre desencadena una furia loca que te lleva a lanzar objetos a la velocidad de un misil. No, existe otro tipo de enojo que se va incubando en silencio, profundo y rencoroso, mucho menos obvio pero igualmente letal por el sigilo. Y ¿qué tal la falsa modestia que a menudo oculta un corazón profundamente resentido y lleno de odio por sí mismo y por los demás? Pero el que más me gusta es el enojo sutil camuflado bajo una amable actitud que no traiciona la existencia de un conflicto interno y se revela casualmente con humor, sarcasmo o chistes a costa de los demás.

Por otra parte, bajo una apariencia educada y amable, cuántas personas han entrado y asesinado a todos los moradores de una casa. Tal vez conozcas el término *"going postal"*, que quiere decir algo así como volverse loco, y se refiere a individuos que de repente pierden su talante normalmente calmado y explotan en un mortal acceso de ira en su sitio de trabajo. Se denomina así porque inicialmente empezó a verse en oficinas de correo en los EE.UU., por allá en la década de 1980, y todos los que trabajaban con esas personas creían que estaban perfectamente bien, pero en su interior ellas albergaban un resentimiento que infectaba su razonamiento hasta llevarlas a hacerse daño a sí mismas y a los demás. Lamentablemente, este fenómeno se presenta cada vez con mayor frecuencia y no solo en oficinas de correo sino en despachos clericales, negocios, hogares y matrimonios, por todo el mundo.

Descarrilamientos

El enojo empieza a perder su poder constructivo cuando se sale de los rieles de la razón. Como hemos visto, esa volátil emoción debería servir como chispa para motivarnos a superar obstáculos que afecten adversamente nuestra grandeza y supervivencia. Pero si el enojo permanece demasiado tiempo en nuestro interior, sale a la luz en formas emocionales destructivas que se manifiestan en desórdenes de alimentación, violencia intrafamiliar y resentimiento. El mismo Dios no nos dijo que no nos indignáramos; nos dijo que si nos enojamos no pequemos (Efesios, 4:26, KJV). Sentirse furioso no es pecado. No, el pecado surge cuando se permite que el enojo se arraigue y perdure más allá de su vida útil o nos induzca a tomar acciones indignas de nuestra naturaleza. Se nos exhorta a no enojarnos rápidamente porque "el enojo reside en el pecho de los necios" (Eclesiastés 7:9, KJV).

Si tu enojo no te conduce a un lugar de paz y solución, entonces es una célula cancerosa que se incrusta en tu espíritu para multiplicar la destrucción. A menudo me asombran las personas que tienen la capacidad de desarrollar una labor excelente en su trabajo, de ser ascendidas e incluso dirigir la compañía, pero permiten que el enojo envenene su personalidad, su potencial y su poder. En muchos casos he descubierto que estas personas simplemente nunca aprendieron a usar su enojo en forma constructiva. Es una lástima que en la escuela rara vez aprendamos a resolver conflictos básicos, pues algunas personas si se sienten amenazadas o afrontan conflictos, se vuelven despiadadas y vengativas. Y no lo hacen porque por naturaleza sean agresivas o duras, sino porque carecen de las destrezas para saber cómo permitir que la razón conduzca el auto aunque lleve de pasajero al enojo.

Esas personas crean un ambiente tóxico en la oficina no porque lo deseen sino porque no saben cómo seguir adelante. Enfrentan bien los problemas pero su actitud es tan cáustica después de los enfrentamientos que los demás ya no disfrutan trabajando con o para ellas. Las personas se desempeñan en forma mucho más productiva y creativa cuando el ambiente laboral es verdaderamente agradable.

Para permear y envenenar toda una oficina, basta con una persona que albergue hostilidad, deslealtad o enojo secreto. Sí, un solo empleado indignado puede acabar produciéndole a toda una compañía una afección cardiaca que reduzca la funcionalidad del equipo completo. Cada persona de nivel administrativo superior debería tomar obligatoriamente un curso de solución de conflictos y luego enseñarlo a los demás integrantes del equipo.

Si nos preparamos y luego nos dedicamos a preparar a quienes nos rodean, facilitándoles herramientas para abordar y superar las confrontaciones necesarias y los conflictos diarios, será más difícil que rompamos las normas de solución de conflictos porque nosotros mismos las habremos enseñado. Además, así las personas contarán con los recursos para no tener que interiorizar y cargar frustraciones, rabias y enojos.

Aquí va un consejo para quienes tienden a llegar demasiado lejos y luego no saben cómo restaurar el equilibrio en la oficina o en su casa, que denomino el concepto del dos-por-uno: por cada momento de enfrentamiento para tratar lo que te molestó, crea por lo menos dos momentos positivos para reafirmar que el problema fue el incidente y no la persona. Asegúrate de expresar igualmente bien tanto los rasgos positivos de las otras personas, como aquello que te molestó, pues si corriges el problema pero acabas con la relación, en realidad no ganas: pierdes.

Prueba de estrés

No fuimos diseñados para albergar enojo durante largos períodos y eso de interiorizarlo nos mantiene en un estado de estrés permanente. Igual que la estridencia de una sirena de emergencia, el enojo es útil cuando hay peligro pero fastidia si la amenaza ha terminado. Si el enojo persiste, rápidamente se vuelve tóxico y perjudicial para el sistema que trataba de alertar, pues en lugar de señalar un incendio u otra calamidad, la estridencia de la alarma nos vuelve sordos a la voz de la razón. Dejamos de ver claramente y perdemos de vista el "cuadro general".

La mayoría de los sicólogos infantiles te dirán que los niños que albergan enojo y resentimiento exteriorizan su malestar en sus tareas en clase. Su desarrollo emocional se atrofia y el enojo interiorizado los infantiliza; les dan pataletas, se deprimen y pierden años cruciales para su desarrollo porque el enojo bloquea su corazón y nubla su mente. Y aunque no nos guste admitirlo, lo mismo ocurre con los adultos.

Permíteme ilustrar lo anterior. Conozco a un pastor que ha formado parte de nuestro ministerio durante muchos años, todo el tiempo que llevo en Dallas y también en West Virginia. Así que podría decirse que lo conozco bien y, hace poco, me di cuenta de que lucía demasiado cansado. Como él seguía cumpliendo las tareas y funciones asignadas no me preocupé mucho, pero cuando las cosas empezaron a ponerse más lentas y vi que parecía necesitar unas vacaciones, lo animé a tomarlas.

Él dijo: "Oh, estoy bien, solo un poco cansado", pero un mes más tarde visitó al médico por un dolor en el pecho. Los médicos pensaron que sería una reacción a algunos medicamentos no relacionados con el corazón y que estaba tomando, y ordenaron una serie de exámenes para verificarlo. Los resultados fueron normales y eso los desconcertó un poco, pues el electrocardiograma salió bien, los signos vitales también y no encontraron nada alarmante. Sin embargo, para mayor seguridad, los doctores decidieron que debía volver para someterse a una prueba de estrés con contraste, solo para verificar que no hubiera arterias bloqueadas. Por fortuna el pastor aceptó y de inmediato se sometió a ese examen. ¡Si no lo hubiera hecho, quizás no habría vivido otro día!

El examen nos impactó a todos pues reveló que por un tiempo a su corazón le había estado llegando apenas el 30 por ciento de la sangre. Había bloqueos no detectados que silenciosamente estaban evitando que a ese órgano vital llegara la mayoría de la sangre necesaria para su funcionamiento. Te imaginarás lo que siguió: ¡una operación a corazón abierto! Por fortuna, la cirugía fue todo un éxito, se está recuperando muy bien y ya ha empezado a ocuparse de tareas livianas en nuestra iglesia.

Menciono lo ocurrido porque todo ese tiempo él había tenido un flujo insuficiente de sangre a su corazón, sin saberlo. Ni siquiera sabía que el bloqueo existía y mucho menos el daño que estaba causando a su corazón. Como el pastor amigo mío, posiblemente tú sigas en pie, trabajando, conduciendo, criando a tus hijos o jugando *racquetball*, pero eso no significa que estés bien. Tal vez solo estés operando con un pequeño porcentaje de tu gama completa de talentos, capacidades y destrezas, todo porque el silencioso asesino que es el enojo te tiene en la mira.

Una vez que los doctores reemplazaron las arterias obstruidas con unas normales, el pastor vio dispararse su energía y creatividad; él no se había dado cuenta de que estaba trabajando solamente con el treinta por ciento de lo que necesitaba para funcionar al más alto nivel. Puedes conducir por la autopista y ganar velocidad con la palanca de cambios en baja, pero eso no significa que estés en tu mejor forma o que el motor no sufra las consecuencias de haberlo forzado.

Entonces ¿cuál es nuestra prueba de estrés espiritual? ¿Cómo evitar que nuestra ira saludable se convierta en un enorme bloqueo? Créeme que es importante entender que hasta los episodios más terribles de nuestra vida tienen algo que enseñarnos, algún propósito a través del cual aprender para volvernos más sabios y fuertes. En primer lugar, te animo a que amplíes tu perspectiva y veas qué puedes sacar de esta experiencia que sea positivo y beneficioso. Quizá sea un mensaje para que tomes las cosas con más calma, como una multa por exceso de velocidad que sin saberlo te salve la vida al evitar una terrible colisión más adelante en la carretera. O para que aprecies más las muchas bendiciones y dones que tienes en la vida. O para que llegues a tener un conocimiento más profundo de ti mismo y tus talentos. O quizás esta recién adquirida sensibilidad sea el catalizador a través del cual puedas usar tus experiencias para ayudar a otros.

Pero en cuanto hayas extraído de la experiencia toda la energía utilizable, debes usar el catéter para desechar todo enojo o resentimiento, así como el odio a ti mismo y a otros. El manejo de tus emociones es responsabilidad tuya. No delegues esa labor de limpieza en nadie más ni evites administrar lo que produzcas, pues si no lo haces, bloquearás las bendiciones y correrás el riesgo de perder la oportunidad de seguir adelante libre de trabas. Si no utilizas herramientas como la auto-reflexión, una comunicación franca, terapias y técnicas para el manejo de conflictos, tu enojo consumirá una energía preciosa que podría producir muchísimo más.

Crisis energética

La tasa del consumo de energía contra la de su producción, sigue siendo un problema mundial de proporciones colosales, especialmente en nuestro país. No hay que ser ingeniero espacial para saber que si consumimos más energía de la que producimos, de nuestras reservas de petróleo y gas en particular, corremos el riesgo de volvernos dependientes de entidades externas para satisfacer nuestras necesidades. Por eso hoy más que nunca, debemos ser conscientes de la necesidad de no desperdiciar nuestra limitada provisión de energía y empezar a desarrollar su uso eficiente en nuestras necesidades diarias. Y todo el tiempo se están desarrollando y lanzando nuevos productos cuya máxima prioridad es el ahorro de energía.

De igual manera, como humanos, solo tenemos una cierta cantidad de tiempo y energía para dedicar a nuestras muchas necesidades. Nuestro país y nosotros debemos practicar recortes donde sea posible a fin de preservar energía para nuestras actividades vitales y evitar su desperdicio. Si piensas en toda la energía que gastamos en enojos, frustraciones y decepciones, en desconfianza entre las personas, tomando represalias o tratando de sobrevivir en circunstancias adversas, rápidamente te darás cuenta de que toda esa energía podría emplearse en actividades más productivas.

Considera cuánta energía inviertes en sostener un modus

operandi de confrontación en el trabajo, el matrimonio o con quienes te rodean, y más bien inviértela en propósitos mejores y más elevados. ¿Cuánto más productivo, creativo e innovador serías si no las ocuparas en mantener relaciones tóxicas y defenderte de personas con quienes trabajas o vas a la iglesia?

Igual que la afección cardiaca de mi pastor, tu bloqueo puede estar evitando que la mayoría de tu energía llegue a los sitios que más importan. Y como mi pastor, tú sobrevivirías con un flujo restringido de los recursos disponibles, pero jamás prosperarías, nunca explorarías a fondo la plena capacidad de tus destrezas y tampoco disfrutarías del propósito para el cual fuiste creado por Dios. Cuando el enojo desvía tu energía del lugar al que debería estar yendo, no puedes descubrir cuál es el mejor y más elevado uso para tus dones.

Si en nuestro plantel de empleados percibimos bloqueos o lo que llamamos embotellamientos, podríamos tener el problema de que la divulgación de información indispensable para todo el equipo sea lenta e ineficiente. A menudo la información se queda represada en una persona que mantiene problemas sin resolver y no se comunica con alguien o con los demás. El embotellamiento frecuentemente es resultado de los desenfrenados problemas de control de alguien y, por consiguiente, la compañía sufre por la falta de información o flujo creativo, igual que un corazón que funciona con menos sangre de la que necesita. Y todo eso puede desembocar en costos innecesarios y otros perjuicios para el bienestar de todos los que laboran allí.

Si identifica un problema de ese tipo, el buen gerente debe eliminar el bloqueo reprendiendo o retirando a la persona responsable de que el grupo no hubiera recibido la información necesaria para funcionar a plena capacidad, razón de más para no permitir que sigan viniendo a trabajar personas enojadas o resentidas. Podría servirte practicar una prueba de estrés para observar el flujo de la información y saber si las vías están obstruidas en tu sitio de trabajo. En caso afirmativo, a la organización le convendría poner fin al desorden, dejando atrás lo que obstaculiza el avance de las personas y preservando sus márgenes de utilidad, al eliminar el bloqueo. Esto aplica tanto a empresas e instituciones, como a matrimonios y ministerios.

A menudo ese es un procedimiento de emergencia. Si no se repara, la organización correrá el riesgo de sufrir un ataque cardiaco y morir por una dolencia que habría sido perfectamente evitable. En el caso de mi amigo el pastor, los doctores tomaron de su pierna arterias sanas para reemplazar las que estaban bloqueadas en el corazón y hoy está saludable y operando a plena capacidad.

Todo eso se percibe muy claramente en las empresas. El desbloqueo de las vías permite que fluyan, resurjan y se difundan la información, el capital y las ideas creativas. Si no puedes enseñarle a la gente de tu organización a trabajar siempre en forma tranquila, cortés y profesional, estás perdiendo energía y creando un bloqueo en el alma del departamento o compañía. ¡Tu única alternativa es eliminar el bloqueo! La prueba real no está en el tipo de oficina donde sonrío-si-están-mirándome, sino en las sutiles insinuaciones de la gente que arroja sombras sobre otros, se vale de su influencia para obtener el apoyo de personas antes neutrales y disemina su veneno como un cáncer entre su propio personal nuevo o antiguo. Ese cáncer hará metástasis en la oficina, la fuente de agua y las pausas para tomar café, hasta que el tumor de empleados y oportunidades perdidas quede al descubierto. Suena duro, pero como gerente general he aprendido a ser lento para contratar pero rápido para despedir. Si no puedes rehabilitar, debes eliminar el bloqueo o toda la organización caerá víctima del paro cardiaco ¡porque te demoraste para autorizar la cirugía!

A menudo he visto a personas que advierten a sus nuevos empleados de quién deben cuidarse, como si quisieran asegurarse de que la organización siga tan constipada como sea posible, y todo por su propia opinión y negativa a perdonar. Recuerda que si te han tratado así, no solo necesitas perdonar para no ser arrastrado a diseminar también la infección, ¡sino que debes proporcionar el antibiótico de devolver bien por mal para evitar que la descomposición siga esparciéndose! Pero hablaremos más de eso en un capítulo posterior.

Cirugía cardiovascular

A nivel personal ¿qué reubicación arterial has practicado para refrescar áreas de tu vida dañadas? ¿Qué has hecho para reparar relaciones, bien sea mediante reconciliación o, si fuera imposible, para crear nuevas relaciones que ahora puedas sostener porque has aprendido más y estás más preparado?

Para hacerlo, tal vez debas reemplazar a las personas que te hayan decepcionado o abandonado, con nuevas relaciones menos tóxicas y más saludables, aliviando así tu extrema dependencia de la aprobación de los demás. Posiblemente tú mismo hayas sido la raíz del bloqueo, por exigir de las personas más de lo que pueden ser ¡y sentirte ofendido si no lograron llenar vacíos demasiado grandes para que manos humanas los puedan cubrir! Tal vez las puedas reemplazar con la oración. También podría ser que tu decisión de involucrarte, confiar y continuar la relación con esas personas, sea la expresión de una necesidad interior.

Esa necesidad puede ser natural, pero si tratamos de resolver una necesidad legítima de manera ilegítima se genera un problema; pues nuestra búsqueda de una solución donde no debe ser, crea el dolor y colapso de las relaciones. Deja de flagelarte por ser vulnerable a esa necesidad y empieza a buscar alternativas más sanas que las opciones que elegiste en el pasado para satisfacer esa necesidad.

Claro que hay casos que crean negativas a perdonar, que de

ninguna manera son producto de una necesidad interior de la víctima, como los de personas enojadas por haber sufrido malos tratos o violaciones. Ellas no tenían ninguna necesidad interna de ser violadas, atracadas o lisiadas. Pero en una situación tipo "Bernie Madoff" en la que alguien se largó con el dinero de tu jubilación, no puedes pasarte el resto de tu vida enojado, debes encontrar la manera de recuperarte, minimizar el daño y seguir adelante con alguien de reconocida integridad que restablezca el honor.

Te estoy alentando para que a través de la oración, de una terapia o hasta golpeando un cojín, encuentres la manera de desbloquear tu corazón y seguir adelante con tu vida. Porque no vale la pena perderte de todo lo que tienes al frente por estar desperdiciando tu energía en lo que fue. Benditos los limpios de corazón, porque ellos verán a Dios. ¡Vive una vida jubilosa al máximo!

Seis

Borra la deuda

Como hemos descubierto en los capítulos anteriores, las ofensas son parte de la vida. Puede haber conflicto entre personas que realmente se aman unas a otras y también entre personas que apenas se conocen. Las faltas ocurren entre parejas que llevan cincuenta años de casadas igual que entre extraños que esperan el autobús en la parada. A estas alturas ya estamos seguros de que, nos hayamos matriculado o no, la vida garantiza nuestra asistencia a este curso para aprender a perdonar.

A veces las lecciones más sencillas son las más difíciles. Verás, por fácil que suene todo esto de dejar atrás el enojo y el resentimiento que tenemos contra la persona que nos ofendió, vivirlo puede resultar increíblemente difícil. A lo largo del proceso para tratar de olvidar y perdonar, descubrimos que a veces una ofensa menor puede hacer más daño que una mucho más traumática, pues según la reacción y manera de comportarnos ante una ofensa en particular, un pequeño desaire que no enfrentemos se puede convertir en un crecimiento canceroso.

Aunque con medicamentos, quimioterapia y radiación, a

menudo se logra erradicar el cáncer de un organismo, a veces es necesario practicar una cirugía invasiva y retirar el crecimiento maligno antes de proceder con un tratamiento prolongado. Muchas veces el perdón opera en igual forma; para que empiece nuestro proceso de sanación y podamos seguir adelante, debemos liberarnos de la capciosa preocupación de exigir que se corrija lo malo, se repare la pérdida o se castigue al agresor en la forma que consideramos indicada.

La mayoría de nosotros crecimos bajo unas reglas sociales generales, un código de conducta, ética y principios, que capacitan a los habitantes del mundo para interactuar con respeto, imparcialidad y equidad. Sin embargo, si te pasó lo que a mí, bastaron unas cuantas matoneadas en el patio de la escuela y una maestra resentida para mostrarme un retrato muy diferente de la forma en que opera el mundo. La realidad de la vida no es imparcial; a veces los malos prosperan y los rectos padecen injusticias. A pesar de eso, quisiéramos aplicar el beneficio de la duda a la mayoría de las personas y suponer que comparten con nosotros principios y valores; pero lastimosamente, ese supuesto o falsa expectativa puede echar por tierra nuestra capacidad de perdonar.

De hecho, desde mi propia experiencia pareciera que, cuanto más elevados los principios, más difícil es adaptarse a personas que por tener principios diferentes (o por falta de ellos), parecen catalizadores de diversos niveles de agravio a nuestro espíritu. Para colmo de males, otras personas parecen tener pocos valores o ninguno, y eso realmente nos angustia. Cuando las personas no comparten los mismos principios o están en desacuerdo con la forma en que se deben honrar, cualquier situación de por sí dolorosa, puede agravarse. Y básicamente, esa injusticia ¡se vuelve sal en la herida que nos infligieron! Porque si nuestro agresor no es capturado y castigado por habernos apuñalado por la espalda, su libertad y su negativa a asumir su responsabilidad nos enoja aun más.

Elemental decencia

Algunos de nosotros fuimos Niñas o Niños Exploradores, monaguillos en alguna catedral imponente o voluntarios en un pabellón hospitalario. Unos observábamos los principios de la tradición religiosa en la cual fuimos criados, y otros, los principios y valores moldeados por la ética protestante o el patrimonio cultural de sus padres. Sin importar la fuente ni sus medios, el objetivo final sigue siendo el mismo: tener un sentido del bien y del mal y el valor moral para vivir de acuerdo con ellos. Contar con un sano sentido del bien y del mal nos da la seguridad de que cuando surjan conflictos podremos apelar a un nivel común de decencia e integridad. Seguramente todos tenemos una fibra moral similar, y nos orienta un GPS o sistema de posicionamiento global parecido, para determinar lo que es justo e injusto, correcto e incorrecto, bueno y malo. ¿Es así o no? No, en absoluto.

¿Puedo recordarte que una persona común y corriente, que parezca agente de seguros, es capaz de entrar por la fuerza en una casa y masacrar a todos los miembros de la familia, uno a uno, mientras se come un emparedado de jamón? Nos gustaría pensar que esas desalmadas personas amorales no son reales, sino una creación de los escritores de ficción y productores de Hollywood que necesitan villanos de cartón para entretenernos. Pero la realidad, amigo mío, es que aquí el arte está imitando a la vida.

A algunos les gustaría creer que el mal siempre se puede identificar por las apariencias, o que quienes cometen atrocidades tienen algún rasgo demoníaco que los distingue de las personas que se movilizan en el metro con nosotros. Necesitamos esa línea de demarcación para protegernos de la mucho más siniestra verdad de que personas que parecen comunes y corrientes pueden volverse monstruos inhumanos y hacer cosas absolutamente horrendas. Esa ilusión basada en la negación parece reconfortarnos y de alguna manera aislarnos de la delgada línea que separa lo racional de lo irracional. Pero la fría, visceralmente desgarradora y repugnante verdad es que la mayoría de los asesinos no parecen asesinos, ¡igual que tampoco podemos identificar a un ladrón por el bigote!

Entiende entonces que si el sentido de la decencia de algunas personas puede ser tan retorcido que sean capaces de hacer lo inimaginable sin pestañear, fácilmente hay quien puede mentirle a tu jefe para obtener ese ascenso que te correspondía. Si una persona pudo asaltar un banco, tomar bastantes rehenes y sin provocación alguna acabar con la vida de personas del común, si un joven violador pudo entrar por la fuerza en la casa de una bisabuela y matar a esa vulnerable mujer después de violarla brutalmente, entonces debemos saber que en nuestra vida diaria hay gente capaz de estafarnos y despojarnos de nuestros ahorros, de distorsionar la verdad para alcanzar una posición más elevada, de girar un cheque contra una cuenta inexistente o negarse a saldar una deuda que desde un principio no tuvo intención de pagar.

La mayoría de nosotros nos sentimos traicionados e impactados por esas personas cuya ética y conducta violan nuestra propia sensibilidad. Es descorazonador y penoso descubrir que hemos confiado en alguien que ha traicionado esa confianza y no muestra remordimiento. Cuando se empieza a hablar de perdón, hay que estar preparado para afrontar la enorme diversidad de golpes que pueden ser infligidos al alma humana.

Más allá de lo imaginable

Se celebraba el Día del Padre y envié un *tweet* animando a las personas a que buscaran la manera de amar y abrazar a su padre aunque no hubiera sido el mejor de los papás. Algo sencillo, ¿verdad? Bueno, pues lo fue hasta que empecé a recibir respuestas que mostraban las complicaciones de familias en crisis. ¡Y una señora me recordó en su *tweet* que no todos los que luchamos contra el dolor tenemos la suerte de que nos haya tocado la variedad de jardín de las injurias o las que denomino heridas superficiales!

Esta señora dijo en su *tweet* que su padre había matado a su madre y había ido a la cárcel, dejándola sin ninguno de sus progenitores con quién poder identificarse en su niñez y sin ningún sentido de pertenencia. ¡En 140 palabras ella re-definió totalmente sus problemas de familia y los elevó a la décima potencia! De repente, a través de la lente de su experiencia, la mayoría de las demás quejas y ofensas empezaron a parecer mucho más perdonables. Aunque claramente el testimonio de ella se salía de lo normal, era su realidad, y sus observaciones nos inducían a re-definir cualquier ofensa que nos afligiera en ese momento.

De pronto se nos ocurrió que si ella puede perdonar a su padre y quiere verlo, a todos los que hemos sufrido ofensas menores y nos hemos visto en calzas prietas para superarlas, su historia podía darnos la fortaleza para creer que perdonar sí es posible.

Una de las mejores terapias para quienes piensan que su vida ha sido destrozada es salirse de ese capullo narcisista en el que se incuba el dolor y ver cuántas personas a su alrededor deben superar cosas mucho peores y lo hacen con misericordia y tenacidad. Cuando nos hacen daño y sentimos que nos tratan injustamente, nos inclinamos a enfrascarnos en nuestra propia perspectiva sin mirar ninguna otra, y nos preocupamos tanto por nuestro lado de la historia que rara vez somos imparciales respecto al cuadro general. Y, lo que es peor aún, con el tiempo nos hundimos tanto que nos parece justificado odiar o albergar esa sed de venganza. Te he hablado de esa señora para recordarte que mientras hay quienes se esfuerzan para perdonar una cita incumplida o un comentario embarazoso hecho durante la cena, otros luchan con el dolor causado por infidelidades o faltas a la dignidad, y hay hasta quienes se esfuerzan por perdonar asesinatos y violaciones. Ningún perdón es igual a otro, pero ¡todos provocan interrogantes similares!

¿En qué estaban pensando ellos? ¿Por qué ella no me dijo la verdad? ¿Cómo pudo él sobregirarse con mi tarjeta de crédito? Habría entendido si hubiera sido de esta o aquella manera. En realidad, la mayoría de las personas que nos hieren no estaban pensando en nuestras necesidades. El egoísmo es algo tan inherente y está tan entronizado en la mayoría de las personas, que ni se les ocurre que sus acciones afecten el bienestar de otros. Muchos están tan centrados en sus propias crisis y necesidades que no parece importarles lo que nos hayan ocasionado sus acciones. Más que en contra de nosotros, las acciones de esas personas siempre son "en pro" de ellas mismas.

Un padre abandonó a su familia porque no era feliz y no pensó en lo que sus acciones causarían a su hijo. Ahora el corazón del niño se desangra emocionalmente, sufre, y no por algo que él hubiera hecho sino porque el padre centrado en ayudarse a sí mismo ¡ni siquiera consideró lo que sus acciones causarían a su hijo! Muchas personas son tan egoístas por naturaleza, que las quejas por su comportamiento las desconciertan y hasta las ofenden.

Me he preguntado muchas veces: "¿Cómo puedes pedirme dinero prestado, no pagármelo, y ser TÚ el ofendido? ¿Esperabas acaso que renunciara calladamente a exigir lo que es mío por legítimo derecho?".

Ahorros y préstamos

Recuerdo que hace muchos años me telefoneó una persona que necesitaba ayuda desesperadamente para pagar la cuota del auto, pues debía varios meses y estaba a punto de perderlo. Dado que tenía hijos y era una persona bastante conocida en la comunidad, esa crisis económica le avergonzaba y preocupaba profundamente.

Nosotros tampoco estábamos muy bien económicamente, pero cuando me explicó su problema, le dije que podría echar mano de algún dinero pero necesitaría que me lo pagara lo más pronto posible. Me respondió que cumpliría con ese requisito y yo le presté el dinero. Asegurado el vehículo y mejorada su situación gracias al dinero que le presté, el hombre jamás hizo el intento de pagar ni siquiera una parte del préstamo.

Inicialmente fue muy amable pero nunca cumplió lo acordado. Pasaron meses y esfuerzos para poder reemplazar el dinero que le había prestado, y empecé a perder la paciencia. Lo llamé, le escribí, oré, y del dinero, nada. Bueno, debo decirte que mi enojo eventualmente se convirtió en abierta hostilidad. Lo interesante es que mi molestia no fue respondida con arrepentimiento, ni con pagos ni pedidos de paciencia, por el contrario ¡mantuvo una actitud obstinada e irritada porque yo le exigía mi dinero! Me quejé con un amigo que ha sido como un padre para mí y empecé a despotricar por el dinero que no me pagaban. Hasta que finalmente mi amigo me dijo: "Tendrás que perdonar esa deuda ¡porque jamás vas a recuperar tu dinero!".

Eso me perturbó bastante porque yo no podía entender cómo una persona puede actuar en forma tan santurrona frente a la gente o dar obsequios especiales a sus amigos e incluso contribuir a obras de caridad, y jamás dirigir un centavo al dinero que de buena fe yo había prestado para salvar a un amigo de una mala racha. Por si fuera poco, yo debía tratar de perdonar a alguien que ni siquiera me consideraba digno de recibir una verdadera disculpa. ¿Cómo perdonar a alguien que no se arrepiente?

Jamás se disculpó

Mi mentor sabía que cada vez que yo veía a ese hombre se me dañaba el día. Si estamos enojados o decepcionados con alguien por algo que nos hizo, su presencia o actitud displicente pueden bloquear nuestro camino al perdón, mientras esperamos que nos ofrezca una disculpa para salirnos del camino de la desesperanza y seguir adelante. Así que cuando mi mentor vio la mueca constante en mi cara cuando estaba en presencia del ofensor, me dijo: "Bien puedes perdonar al hombre, ¡no va a pagarte jamás! Y si sigues resentido por eso, le darás el control de tu estado de ánimo y tus reacciones serán dictadas por su comportamiento". Inicialmente no quise escuchar este sensato consejo porque me parecía que perdonar era dejarlo ir demasiado fácilmente.

Cuando miro todo en retrospectiva, realmente es bastante tonto. ¿Qué daño le hacía al hombre que yo no lo perdonara? Ninguno, y eso me enojaba aún más. ¿Cómo podía ir a cenar, reírse con los amigos y seguir adelante mientras a mí todavía me hervía la sangre de indignación por lo que había hecho? Finalmente tuve que aceptar que mi herida y mi enojo me atacaban a mí pero no le hacían daño a él, que seguía disfrutando su vida como si nada hubiera pasado, mientras yo me estaba perdiendo de buenos momentos por causa de esa herida.

De por sí perdonar es duro aun si la persona muestra arrepentimiento, pero si ni siquiera lo hace, ni da muestras de ir a hacerlo jamás, ¿cómo detener el sangrado en nuestra propia vida? Está bien que lo preguntes. La verdad del asunto es que en la vida pasan cosas que en aras de nuestra propia supervivencia emocional debemos perdonar, aún sin recibir el beneficio de una disculpa.

Y antes de rechazar de plano esta idea, recuerda que hay personas que ya no viven para disculparse por el daño que causaron a otras. Entonces, si lo único que nos va a liberar del dolor es una disculpa, estaremos en un terrible dilema. Hay quienes están enojados con gente que ya ni siquiera está en su círculo de amistades. Han extraído el aguijón pero la hinchazón persiste, y atormentados con cada giro, se sienten incapaces de liberarse.

Piensa en las personas a quienes les han asesinado seres queridos y van a un juicio solo para ver que el asesino no reconoce que cometió el crimen y mucho menos se disculpa por haberlo cometido. Perdonarlo no lo exonera de culpa pero lo perdonamos para no quedar atados por siempre al pasado.

Muchos años atrás, cuando trabajaba para una planta química ya desaparecida, conseguí un préstamo de la cooperativa de crédito, que pagué cumplidamente mientras estuve empleado. Pero cuando me despidieron por reducción de la compañía, mi esposa y yo entramos en una barrena económica. Íbamos en caída libre, se nos había acabado el dinero de desempleo y aún yo no había conseguido otro trabajo cuando me llegó una breve carta diciendo que la cooperativa de crédito había condonado la deuda. De un trazo la eliminaron de los libros y se liberaron de tratar de cobrar lo incobrable.

Como las de esa cooperativa de crédito, algunas deudas legítimas son condonadas no porque el acreedor no tuviera derecho a que le fueran pagadas ¡sino porque el deudor no habría podido pagarlas! Así como la cooperativa de crédito decidió no dedicar preciados recursos a cobrar lo incobrable, tú y yo debemos aprender que, a pesar de nuestro derecho a que se nos justifique o reembolse, hay quienes no nos devolverán o no podrán devolvernos lo que es nuestro. Y la única forma en que podemos recuperar nuestra energía y seguir adelante, es simplemente borrando la deuda para poder concentrarnos en lo que nos espera adelante en lugar de permanecer atados por siempre a lo que está atrás.

Te recomiendo re-tomar el mando de tu vida aunque la persona no pueda o no quiera corregir el mal que te haya causado. A veces hay que cancelar el pasado para poder entrar al futuro.

No podemos conducir con los ojos fijos en el espejo retrovisor. Si queremos alistarnos para el futuro podemos mirar atrás de vez en cuando pero no quedarnos hipnotizados ni estancados en lo que ya ha pasado. Lo que sea que tengas allá atrás ¡déjalo!

Entendamos unas cuantas cosas que nos ayudarán a encontrar la capacidad para dejar atrás el pasado y seguir adelante.

1. Borrar la deuda no significa que no hayamos ganado nada con esa experiencia. La mayoría de las veces habremos ganado sabiduría y discernimiento que nos ayudarán en situaciones futuras.
2. Borrarla no implica que no tuviéramos razón sobre las abusivas circunstancias que nos llevaron a negarnos a perdonar. Simplemente significa que tenemos demasiado al frente como para gastar más energía mirando hacia atrás.
3. Borrarla no significa que seamos débiles. Se necesita mucha fuerza, esperanza y fe para reunir el coraje de superar esa infracción.
4. Borrarla no significa que no vayamos a ser compensados con otra oportunidad más adelante. Realmente creo que Dios nos compensa muchas veces con su favor divino para equilibrar nuestra vida frente a lo que otros nos han hecho.
5. Borrarla nos ayuda a vislumbrar lo que Dios hace con nuestras propias faltas. Teníamos una deuda que no podíamos pagar. Dios recibió el pago de una fuente externa (Jesucristo) y la borró aunque nosotros mismos jamás hicimos nada por compensar nuestras faltas.

Creer que hay más delante de nosotros que lo que dejamos atrás es un acto de fe extremo. Pero a fin de cuentas perderías tu futuro por tratar de darle al pasado. Simplemente déjalo y ¡sigue andando!

Imagínate a la persona que se niega a perdonar, atrapada en una habitación sofocante, en agosto, en Phoenix. Aunque un ducto de aire acondicionado apunta a su cabeza, suda profusamente; el ambiente en la habitación es agobiante y está a punto de sufrir un paro por el calor. No puede bajar la temperatura pues por esas tonterías que cometemos no le instaló un termostato a esa habitación cuando construyó la casa. Con frecuencia, donde el calor es más penetrante no hay un sistema de control.

En forma parecida, cuando permites que la reacción de alguien determine tu estado de ánimo, has construido una habitación en la que no puedes controlar el clima. Si perdonas a ese alguien y sigues adelante, no estarás reconociendo su inocencia sino tu compromiso de controlar el clima en la habitación y ¡dejar lo demás en manos de su consciencia y su Dios!

Claro que tu deseo es reaccionar con misericordia ante el que se arrepiente, pero eso amerita una respuesta: ¿Qué haces si la persona que te causó el mayor dolor no ha admitido y no admitirá, reconocerá o se arrepentirá de su participación en tu dolor? La respuesta es sencilla, recupera el mando de tu vida y borra esa deuda. Porque exigir que ese alguien haga las cosas bien o tenga la entereza de carácter para disculparse también le entrega el mando del termostato de la habitación en la que tú debes vivir.

No existe un ejemplo más clásico de condonación de la deuda de un individuo que no se disculpa por ella, que el de Jesucristo en la Cruz, donde los responsables de la crucifixión no se disculparon y, sin embargo, lo primero que hizo Cristo con esos impenitentes fue pedirle al Padre "perdónalos porque no saben lo hacen...". ¿Cómo pudo hacerlo mientras la sangre le corría por el rostro y las manos? ¿Cómo pudo hacerlo mientras los culpables exacerbaban aún más la crisis jugándose sus vestiduras mientras Él se desangraba?

Lo hizo porque tenía problemas más grandes que atender

y quería afrontar la necesidad de resucitar sin rastros de un resentimiento que erosionara su poder. Francamente, tú también debes concentrarte en la resurrección y no podrás dedicarte a ese tema ¡si permaneces concentrado en los detalles de tu propia crucifixión!

Siete
Oferta de trabajo

¿Alguna vez en tu oficina has estado esperando la impresión de un documento y tu compañera de trabajo te ha reprendido por habértela saltado? ¿Alguna vez han dejado de darte un ascenso, aunque eras más capaz y experimentado que el joven favorecido solo por ser cuñado de tu jefe? ¿Alguna vez otro compañero del mismo turno erróneamente te ha culpado de una falla en la línea de producción? ¿Alguna vez tu supervisor se ha llevado las palmas por la innovadora presentación que tú imaginaste, creaste y ejecutaste de principio a fin?

Todos hemos experimentado las punzantes y a menudo inesperadas heridas causadas por ese tipo de escaramuzas en la oficina y riñas en el sitio de trabajo. Desde tu primer trabajo de adolescente, tras el mostrador de un establecimiento de comidas rápidas, hasta tu actual posición en la mesa de la sala de juntas de una corporación, no tienes que haber estado mucho tiempo en el trabajo para descubrir la mezquina política, la jerarquía y la ambición personal que rigen el mundo laboral. Excepción hecha de la relación matrimonial, me atrevería a decir que ningún otro entorno produce más conflictos y requiere más perdones que el lugar donde nos ganamos la vida.

Los investigadores dicen que casi todos nosotros pasamos más de la mitad de nuestra vida en el trabajo, ¡más de la mitad de la vida! Aunque en estos tiempos cambiamos de trabajo con más frecuencia que antes, tal vez cada seis o siete años, la perenne depresión económica ha obligado a la gente a trabajar más horas y posponer su retiro. Incluso personas que una vez se habían considerado a sí mismas "independientemente acaudaladas" han reingresado a la fuerza laboral como resultado de los bajones de la economía y el escaso rendimiento actual de las inversiones.

La mayoría de las horas que estamos despiertos las pasamos en el trabajo, no con nuestra familia ni con nuestros seres más queridos. A ellos les quedan las sobras de las cuarenta a sesenta horas invertidas en cumplir con las responsabilidades de nuestro trabajo. Damos un beso en la mejilla a esposa e hijos, engullimos la comida y salimos disparados. Ellos reciben lo que queda, que por lo general no es lo mejor de nosotros y usualmente tampoco es lo que desearíamos darles. Tal vez la tragedia del siglo veintiuno sea que la gente que más nos importa es la que menos obtiene de nosotros.

Pero no solo es el tiempo que pasamos en el trabajo lo que consume nuestras horas de vigilia y labor. Muchos trabajamos en entornos urbanos y suburbanos, y gastamos una exagerada cantidad de tiempo conduciendo hacia y desde nuestro sitio de trabajo, mientras tratamos de evitar que nuestra presión arterial se dispare cada vez que una camioneta se nos atraviesa. Y ahora que lo pienso se me ocurre que ¡hasta nuestro trayecto a la oficina requiere del perdón! Cuando conduzco por la interestatal, no quiero que la gente sepa que soy pastor porque temo que vean en mis ojos la furia fulminante dirigida a la dulce abuelita que conduce a diez millas bajo el límite de velocidad, por el carril de sobrepasar. Si eres uno de esos conductores que se toma el tiempo que le da la real gana, vaya para donde vaya, ¡por favor perdóname!

Si en una oficina hay luchas internas, esa agitación llevará a un desempeño mediocre y finalmente a la destrucción. Tal como se derrumbó el Imperio Romano, un sitio de trabajo asolado por luchas intestinas y competencia desleal eventualmente morderá el polvo. Donde falta cohesión, compromiso y colaboración, hay fracaso. Y no son majaderías espirituales. A tus resultados, ingresos, productividad y rentabilidad los afecta directamente el bagaje que llevas sobre los hombros, tengas o no la capacidad de verlo o la disposición para reconocerlo.

¿No es tiempo ya de empezar a trabajar y dejar el resto atrás?

¿Quién manda aquí?

Para la gran mayoría de nosotros, la presión sobre el rendimiento es lo más duro de nuestro sitio de trabajo. Se nos evalúa por lo que hacemos, por nuestra capacidad de obtener los resultados esperados, por lo bien que podamos satisfacer a los clientes y por vivir en paz con nuestros compañeros de trabajo. Como un Gerente General me dijo alguna vez: "Muchas falencias de la personalidad de un empleado se pasan por alto si obtiene resultados". Aunque esta manera de pensar genera sus propios problemas, sigue siendo una dura realidad del mundo corporativo. En casa nos aman por lo que somos; en el trabajo nos evalúan por lo que hacemos.

Este tipo de presión sobre el rendimiento a menudo nos exige dejar a un lado nuestras emociones para concentrarnos en los resultados y utilidades deseados, y en la solución a los obstáculos que inhiban la productividad. No podemos esperar a estar inspirados para montar la presentación. No podemos ignorar una tarea asignada solo porque nuestra supervisora olvidó decir "por favor" cuando nos pidió ejecutarla. Y tampoco podemos guardar resentimientos, o por lo menos no por mucho tiempo, porque si lo hacemos no solo sofocamos nuestra propia productividad sino también, eventualmente, el éxito de la organización.

Tal vez nadie causa y recibe más heridas en el sitio de trabajo que quienes están al mando. En virtud de su autoridad sobre otros empleados, esas personas hacen valer su responsabilidad y mando, con lo que generan una amplia variedad de ofensas. Muchos supervisores descubren que sus subordinados están predispuestos en contra suya antes de haber interactuado siquiera con ellos. Cuando a los cargos administrativos acceden personas externas a la compañía, a veces pueden generar resentimiento porque no conocen los sistemas institucionales ya establecidos. Los nuevos subordinados de personas que ya trabajaban en la compañía y tienen un historial como supervisoras, las consideran capacitadas únicamente para sus antiguas funciones contables o de mercadeo o del departamento del cual provengan.

Los líderes que se ven envueltos en tensiones que ya venían en curso en la oficina, a menudo descubren que el problema no tiene nada que ver con ellos o su estilo gerencial. Pero su posición los convierte en blanco de todo tipo de problemas que sus empleados simplemente no saben dejar fuera de la oficina. Pueden ser problemas de autoridad y resentimiento, de rebelión y represalia, problemas que surjan de una relación del empleado con el padre o la madre de su jefe, o sean producto de una desesperada necesidad de aprobación que solamente puede satisfacer una relación personal, no una profesional.

Pero todo esto de liberarnos de los resentimientos que guardamos contra nuestro jefe, gerente o director de equipo, es más fácil decirlo que hacerlo. Uno de los aspectos hermosos de trabajar en equipo es la variedad de pintorescas personalidades y brillantes destrezas que convergen para crear y vender nuevos productos, promoverlos y mercadearlos con innovadores recursos, y llevar a la organización al ritmo necesario para mantener un sano crecimiento sistemático. Daríamos ejemplo de perdón si perdonamos a aquellos para quienes trabajamos, cuando cometen errores, como una palabra innecesariamente áspera en la teleconferencia o una equivocación en la suma del informe de gastos.

En un mundo ideal, quienes dirigen y supervisan serían más sabios, experimentados y maduros que sus supervisados. Nuestros jefes serían compasivos y comprensivos, imparciales y firmes, inspiradores e intuitivos, y nos dirigirían en una forma que nos motivaría a ofrecer nuestro mejor desempeño. Sin embargo, no necesitamos haber trabajado mucho tiempo para conocer las debilidades, inconsistencias e incluso incompetencia de quienes dependemos. En muchos casos es correcta nuestra percepción de que nosotros mismos estamos más capacitados para tomar decisiones que nos afectan en nuestro lugar de trabajo, y esa percepción con frecuencia se convierte en fuente de nuestras mayores frustraciones.

Una de las prácticas lamentables de nuestro Estados Unidos corporativo es que los profesionales talentosos inevitablemente llegan a ocupar cargos administrativos. Conozco docenas de talentosos médicos, científicos, carpinteros, arquitectos y maestros ¡que no vuelven a tener contacto con un estetoscopio, una probeta, un martillo, un transportador o una tiza! Su talento los hace objeto de elogios y reconocimiento, y eso aumenta la consciencia que ellos tienen de sus propias capacidades; y por otra parte, se supone que por ser talentosos en su oficio, serán igualmente talentosos para dirigir a otros.

Desafortunadamente, la mayoría de las veces eso no ocurre, y solo crea resentimiento en el profesional promovido y una confusa decepción en quienes lo promovieron, para no mencionar la frustración de los empleados que quedan como un sándwich entre ellos. A veces son mejores líderes personas de poca o ninguna experiencia directa con los productos particulares del área que dirigen, porque saben cómo motivar, inspirar y empoderar a quienes los rodean, más que a las personas que crean, conocen, implementan y venden los productos de la compañía.

En forma parecida, los mejores supervisores son aquellos que saben crear e inspirar confianza y delegar responsabilidades en quienes trabajan directamente bajo su mando. De hecho, ese ha sido el modelo que me he propuesto seguir durante más de tres décadas, no solo como pastor y líder de un ministerio, sino como empresario de una variedad de iniciativas. A veces la gente me pregunta cómo puedo hacer todo lo que hago, cómo me las arreglo para ir de una convención de mujeres a una reunión de producción de una película y de ahí a una entrevista radial, ¡todo en un mismo día (y a veces antes del almuerzo)!

Mi respuesta es que selecciono con mucho cuidado y deliberación a quienes serán los guardianes del acceso a mis distintas empresas. Cuando contrato o nombro a alguien en un cargo de autoridad y responsabilidad estoy seguro en un 99 por ciento, de que puedo confiarle el trabajo y por consiguiente empiezo a delegar rápidamente.

Creo que un sinnúmero de altercados y ofensas que ocurren en el sitio de trabajo podrían evitarse simplemente contratando a la persona indicada para el trabajo indicado. Y por supuesto, hay algunos cargos en los que la persona puede crecer asumiendo sus responsabilidades, pero usualmente esas posiciones están a nivel de ingreso a la compañía, no de su alta gerencia. Debemos preparar el talento interno de nuestra organización, pero también hay que dedicar tiempo suficiente para que florezcan la madurez y el desarrollo social.

Cuando Dios llevó al profeta Samuel a ungir a David como rey de Israel, el niño pastor no accedió al trono inmediatamente ni empezó a tomar decisiones de crucial importancia. De hecho, continuó siendo pastor y soldado hasta que eventualmente ocupó su lugar en el trono. Maduró con sus experiencias de vida, que lo mantuvieron con los pies bien puestos sobre la tierra y al tanto de las necesidades del diario vivir de aquellos a quienes se le encomendó servir, y jamás olvidó lo que fue enfrentarse a un gigante llamado Goliat y superar insalvables obstáculos para derrotar a un enemigo considerado invencible.

Si guardas rencor a tu jefe o supervisor, te sugiero escribirle una carta en la cual trates de ser lo más sincero posible. Si se la entregas o no, ya es cosa tuya; pero he encontrado que el simple hecho de articular mis quejas de alguien, puede ayudarme a ser más objetivo en cuanto a esas quejas y mi propia percepción de la ofensa. En algunos casos, releerás tu carta y te darás cuenta de que estás proyectando un problema donde no hay ninguno. En otros, verás claramente que tu productividad no mejorará a menos de que hables francamente con tu supervisor. Dada la ofensa que se encona en tu interior, será fuerte la tentación de hablar, quejarte, refunfuñar e incluso chismorrear a sus espaldas, pero debes resistirte a caer en ese atolladero que es la negativa a perdonar, y hablar con la persona que te ofendió, no con las demás.

En muchos casos, tu jefe o tu compañero de trabajo a lo mejor ni se han dado cuenta de que te ofendieron y estás disgustado. Otras veces, tanto tus expectativas como las suyas necesitan quedar claras para que se entiendan mutuamente, puedan discernir lo que se interpone entre ustedes y encuentren la manera de perdonar y seguir adelante. De otra forma, sin darte cuenta siquiera, podrías acabar tomando a tu jefe como blanco de tu propio bagaje emocional.

Grandes expectativas

Un amigo cercano, a quien llamaré Dylan, me contó hace poco de una situación complicada en la cual debió tomar decisiones difíciles respecto al equipo de ventas que él lidera para una de las 500 compañías de la lista de la revista Fortune. Su cargo demanda viajes frecuentes, a menudo al extranjero, que no siempre logra cuadrar con las reuniones usuales de la oficina, así como encuentros uno a uno con los miembros de su equipo, pero a él le gustaba su gente y todos los había heredado de un antecesor, salvo un joven asociado que él mismo había contratado recientemente.

A su regreso de una reunión de estrategia internacional en Londres, mi amigo llegó a la oficina y se encontró con que la reunión semanal que había cancelado por estar de viaje, se había realizado sin él. Leslie, el asociado que él mismo había contratado, le dijo, un poco a regañadientes, que la reunión básicamente había sido una sesión de quejas sobre las muchas fallas de Dylan, según los veteranos que llevaban más tiempo en la compañía. Dos miembros del equipo en particular, habían dirigido el ataque: una mujer llamada Yvonne, que llevaba veinte años en la compañía, y Eric, que aún no tenía treinta, pero trabajaba para la compañía desde sus pasantías cuando aún era estudiante.

En resumidas cuentas, mi amigo Dylan confrontó a cada miembro del equipo y obtuvo reacciones muy diferentes, pero sobre todo opuestas a las esperadas. Aparentemente, su relación con Yvonne había sido quisquillosa y por eso esperaba negación y resistencia. Sin embargo, cuando la confrontó, ella rompió a llorar y confesó que había solicitado el cargo que él ocupaba ahora y realmente no tenía nada en contra suya fuera de que, para ella, él era un diario recordatorio de que tampoco esta vez había avanzado. Yvonne ofreció disculpas que fueron aceptadas, y él le prometió revisar en la semana siguiente sus metas y estrategia para un ascenso.

Con Eric, por otra parte, Dylan había disfrutado una relación comunicativa y muy productiva. Eric le había pedido directamente que fuera su mentor y parecía consultar con su jefe cada una de sus decisiones. Cuando Dylan confrontó a Eric, esperando una disculpa después de que su charla con Yvonne resultó tan bien, vio a su joven asociado y acólito incondicional convertirse en un maquiavélico manipulador ante sus propios ojos. Eric gruñó que él era más inteligente que Dylan y que solo sería cuestión de tiempo para hacerlo salir por esa puerta y ocupar él su cargo. También lamentó haber quedado al descubierto pero se negó a disculparse por nada de lo que dijo durante la reunión improvisada en ausencia de Dylan.

Mi amigo no respondió ni una palabra, pero segundos después se levantó y le pidió a Eric esperarlo pues regresaría en un momento. Volvió a la sala acompañado por el director de recursos humanos y, sin inmutarse, Dylan despidió a Eric allí mismo y el supervisor de RH lo acompañó a salir del edificio. Perplejo, Eric intentó protestar, pero era demasiado tarde. Su falta de respeto no podía ser tolerada por su jefe ni por la organización.

Te cuento esta historia por dos razones. La primera: jamás debes suponer que sabes en qué acabará una confrontación en el lugar de trabajo. Con base en los antecedentes y la relación existente, mi amigo supuso erróneamente cómo serían sus conversaciones con los dos miembros rebeldes de su equipo. Sin embargo, cada uno de ellos no solo respondió en forma diferente sino que reveló problemas más profundos que debían ser resueltos. Yvonne necesitaba asumir su decepción, dejar atrás su resentimiento contra la organización y dar a su jefe la oportunidad de hacer las cosas a la manera de él y no la de ella. Eric, por su parte, se las había arreglado para ocultar su implacable ambición bajo un barniz de benigna lealtad.

Cinco para pelear

Y llegamos a mi segundo punto: jamás temas entrar en una confrontación. Muchas veces queremos que todo el mundo guste de nosotros y piense que somos buenas personas. Y los cristianos a menudo lo enredan al añadir a la mezcla una capa de religiosidad con pretensiones de superioridad moral. Consideran pecado criticar a un miembro del equipo, aunque sea constructivamente, y por eso sonríen, asienten, y aceptan resultados menos que deseables.

Los psicólogos nos dicen que hay cinco estrategias básicas para enfrentar los conflictos: **1. evitar; 2. mandar; 3. acomodarse; 4. transigir; y 5. colaborar.**

A veces es bueno evitar un conflicto o posponer una confrontación. Hay altercados que no es necesario analizar y discutir, pues se resolverán por sí solos sin nuestro concurso. Como dice el viejo adagio: "Hay que escoger las batallas". En otras palabras, debes asegurarte de que la confrontación valga la energía y el esfuerzo. Si sabes que a una compañera de trabajo le quedan solo dos semanas en tu departamento, probablemente no valga la pena planear una reunión para discutir por qué no cumplió sus metas trimestrales.

Mandar, o forzar tu punto de vista en medio de un conflicto, puede parecer un estilo desagradable y autoritario para resolver problemas, pero a veces, particularmente en una crisis, podría ser necesario que alguien tome una decisión crucial aunque no sea la más popular. Cuando una compañía rival se lanza a una absorción hostil, tal vez no haya tiempo de reunir a la junta directiva, seguir el protocolo programado y escuchar la opinión de todos los interesados. Acomodarse también puede sonar positivamente pero podría ser perjudicial si cedes en puntos que debes sostener. Por otra parte, si puedes acomodar la solicitud de alguien en una forma que no le cueste mucho a ti y a tu departamento, pues claro que el gesto conciliador vale la pena.

Transigir es tal vez la herramienta más útil cuando hay un conflicto y surge una confrontación. Esta estrategia permite que ambos lados reciban parte de la solución solicitada, pero todo el mundo no obtiene todo lo que quería. Por básico que parezca, la clave para transigir en forma efectiva está en asegurarse de estar cómodo con el toma-y-daca inherente al intercambio. El trueque debe ser equitativo y resolver el problema en una forma que permita que ambos individuos avancen un paso. No quiero contarles cuántas personas han llegado donde mí quejándose de una confrontación con un compañero de trabajo en la cual transigieron aunque la sangre hervía bajo las camisas almidonadas y las blusas de seda.

El quinto estilo de manejar las confrontaciones: colaborar, permite que ambas partes obtengan todo lo que deseaban en esa situación. En realidad, muchos conflictos se podrían resolver simplemente colaborando; sin embargo, a menudo eso requiere de que alguien se disculpe, pida perdón o se responsabilice, todo lo cual puede sonar bien en la escuela dominical pero resulta difícil poner en práctica en la reunión de ejecutivos el lunes en la mañana.

La mayoría de las personas tiende naturalmente hacia alguno de esos estilos según su personalidad y condicionamientos pasados. Sin embargo, ningún estilo debe considerarse mejor que otro; cada uno resulta beneficioso a su manera y podría considerarse como la mejor opción dependiendo de las circunstancias. Los cinco estilos para manejar la confrontación son efectivos en la situación correcta. La clave es saber cuál es tu estilo predeterminado, la reacción hacia la cual tiendes quizás sin darte cuenta. No es que tu estilo predeterminado sea incorrecto o ineficaz, solamente es limitado. Cuando eres consciente de tu tendencia a apoyarte en él, puedes detenerte y considerar las otras cuatro estrategias posibles. Te conviene cargar las cinco en tu cinturón de herramientas. A veces se necesita un martillo, pero otras puede ser un destornillador o unos alicates.

Presión de los pares

Además de los conflictos y ofensas que se presentan con jefes y supervisores, debemos mirar a ambos lados de aquellos con quienes trabajamos codo a codo todos los días. Con demasiada frecuencia vemos a nuestros compañeros de trabajo como enemigos y no como potenciales aliados. Hemos acostumbrado a nuestra mente a dudar de las buenas intenciones de todo el mundo y asumir que nuestros pares son adversarios listos a intimidar, socavar y tergiversar todo lo que hacemos.

He hablado con muchas personas que ascienden en su empleo y luego se asombran ante lo que se requiere para liderar a su equipo. Como me dijo un nuevo supervisor: "¡No tenía idea de que la gente podía estar tan *necesitada*!". Pero, sí, la gran mayoría de la gente lleva sus necesidades personales al sitio de trabajo. Simplemente no pueden contenerlas y, por consiguiente, no logran ser efectivos en un equipo. No se les puede manejar y ellos tampoco pueden alcanzar su pleno potencial.

Nada se concentra alrededor de metas u objetivos comunes a los compañeros de trabajo. En lugar de eso, creamos el caos. Personas que trabajan juntas encuentran que su vida personal se desborda por encima de sus cubículos y baja a las líneas de producción, sale de las salas de la junta directiva y llega a los campos de golf y clubes campestres. Sus prejuicios, injusticias y opiniones se convierten en la moneda social que usan para probar y desarrollar las relaciones necesarias para trabajar.

Sin embargo, lo que comienza como una conversación cortés en el salón de descanso rápidamente se convierte en voyeuristas detalles de su matrimonio, sesiones de terapia de sus hijos y de terapia personal sobre su niñez. El lema de la oficina es "DI" que significa demasiada información. Y no son solo los problemas personales y la indeseada minucia de sus vidas lo que bombardea a nuestros compañeros de trabajo. Hay demasiada competencia, frustración y exasperación. El ambiente laboral se vuelve tóxico y no tiene nada que ver con los requisitos del propio trabajo, sino con problemas personales que ensombrecen el tiempo, concentración, energía y atención de todo el mundo.

Debemos aprender a mantener la importancia de lo principal. Si no lo hacemos, entonces lo principal se nos escapará de entre los dedos y nos desviaremos por una miríada de demandas urgentes y crisis del momento que nada tienen que ver con ser más productivos o efectivos en nuestras responsabilidades laborales.

El talento es importante, pero concentrarse en el talento de unos cuantos en lugar del talento del equipo minará el éxito de la organización. Es necesario delegar, reglamentar y pedir cuentas. Debemos aprender a mantener los altercados en los vestidores y no en el campo de juego. El hecho de que tú antes salieras con mi novia de mucho tiempo no debe impedir que ninguno de los dos anote un tanto en el juego. Debemos estar decididos a que lo principal sea lo principal.

Muchas personas temen no recibir el crédito que merecen. Pero ahí está el detalle: la excelencia no puede ocultarse. No tienes que decirle a nadie que tú eres un vendedor excelente; con tus resultados lo demuestras. Si debes decirle a alguien que eres un predicador maravilloso, entonces se preguntarán qué tan bueno serás en realidad. La gente que verdaderamente es excelente no tiene que decírselo a nadie porque su talento habla por sí mismo. Si estás haciendo lo mejor que puedes y luchando por alcanzar la excelencia, entonces no hay de qué preocuparse. Nadie podrá robarte el crédito ni tu desempeño excepcional, porque este hablará por sí mismo.

No transgredir

En nuestro análisis de la Oración del Señor, tú vas a recordar lo que le pedimos a Dios; "Perdona nuestras transgresiones como nosotros perdonamos las transgresiones de los demás". A veces esto se traduce como "Perdona nuestras deudas", pero la palabra "transgresiones" parece perfectamente adecuada para el sitio de trabajo.

Sea porque esté en la descripción del cargo, por el tamaño del escritorio, o la ubicación de la oficina, vivimos conscientes de que en nuestro lugar de trabajo hay abuso e inequidad. Con demasiada frecuencia, nos volvemos rígidos en cuanto a los límites y en el sitio de trabajo queremos mantener las cosas en configuraciones cuadriculadas. Pero el éxito no se queda retenido en los organigramas y la estructura de dependencias. Igual que en el tránsito vehicular normal, habrá quien invada nuestro carril y nosotros mismos invadiremos los carriles de otros. ¡Nuestro sitio de trabajo es un carril vehicular de alta ocupación! Hay muchos ires y venires, con entradas y salidas de los carriles de unos y otros.

Las grandes mentes tienden a transgredir porque piensan en círculo y no en línea. En el sitio de trabajo, a veces es necesario cruzar líneas y asumir multitareas. Cuando las personas empiezan a decir "¡Eso no es trabajo mío!" es claro que ningún trabajo se está haciendo realmente bien. Al mercaderista se le exige vender, al vendedor se le pedirá diseñar, al investigador, que administre una exitosa organización en crecimiento. Y si no nos ayudamos unos a otros a crecer en todas las disciplinas para que operemos más efectivamente como equipo, nunca estaremos unificados en nuestra misión.

Cuando mi esposa iba al *college*, ingresó a una fraternidad, y uno de los requisitos para la admisión de ella y su hermana, era muy singular. Ambas debían recitar todo el alfabeto griego mientras, sentadas en círculo, se pasaban un fósforo encendido unas a otras. Recientemente le pregunté sobre eso, ella se rió y dijo: "¡Pobre de la hermana que recibiera el fósforo y no dijera enseguida su letra!". Pero lo que mi esposa y sus nuevas hermanas en realidad aprendieron fue que si una de las aspirantes tartamudeaba, todas fracasaban.

"No solo debíamos saber el alfabeto griego. Debíamos asegurarnos de que todas nuestras hermanas también lo supieran igualmente bien", me dijo. Como muchos de los ejercicios militares que deben soportar los nuevos reclutas en un campo de entrenamiento de infantes de marina, esa disciplina constructora de equipos unía a sus miembros de una manera que dejaba muy claro que no era cada persona para sí misma, sino que al equipo completo lo definía su eslabón más débil. Nadie podía fallar porque eso significaba que el equipo fallaría.

Es perfectamente natural que ocurran transgresiones, así que debemos acostumbrarnos a perdonar y ser perdonados. Los beneficios son múltiples. Perdonar te permite realizarte en tu trabajo. Si no perdonas a quienes trabajan contigo, jamás te sentirás satisfecho en tu empleo. Practicar el perdón en el sitio de trabajo aumenta tus probabilidades de ascender y avanzar dentro de la organización. Sin gentileza y misericordia jamás serás ascendido ni avanzarás en tu carrera profesional. Por último, practicar el perdón te capacita para ser líder cuando se presente la oportunidad. Si no aprendes el arte de perdonar jamás serás un líder efectivo ni un innovador productivo.

Ocho

Confiar no es fácil

Una vez que hemos identificado una ofensa y aceptado las disculpas del ofensor, muchas veces quedamos en una posición única para reconstruir algo que vimos derrumbarse frente a nuestros propios ojos. Es lo mismo que si mientras mirábamos un edificio que parece firme y sólido, bien construido y sustentado, de repente lo viéramos desmoronarse desde adentro. Como el ataque a las Torres Gemelas en septiembre de 2011, rara vez conocemos la intención terrorista hasta que es demasiado tarde.

Muchas relaciones se deterioran así cuando la confianza es traicionada, y te das cuenta de que lo que creías tener no es tan sustancial como parecía. De repente, de todo ese edificio que era tu confianza, solo te queda el lote vacío, y surgen preguntas difíciles: "¿Me atreveré a levantar otra estructura en el mismo lugar? Y si lo hago, ¿qué evitará que este nuevo edificio se derrumbe como el anterior?". En otras palabras, ¿cómo se puede reconstruir un bien tan precioso como la confianza?

Entiende que la confianza es un producto valioso que no

puedes comprar a crédito. La confianza es mucho más costosa y muchísimo más exótica que cualquier cosa que nos ofrezca la casualidad y, en su forma más pura no puede apoyarse en el beneficio de la duda. La confianza se apoya en el comportamiento probable. Cuando confías, estás seguro de lo que otras personas harán y de las situaciones que se presentarán.

Si conseguimos rodearnos de personas en quienes confiamos, crearemos un presente seguro y un futuro mucho mejor. En otras palabras, la confianza se construye sobre los cimientos de nuestras experiencias pasadas con un individuo o entidad y poco tiene que ver con que amemos o gustemos de ese individuo o entidad. Pero sí tiene mucho que ver con la tranquilidad que nos proporciona su comportamiento probable.

Siéntate

Piensa en la confianza de esta manera. Cuando nos sentamos en una silla no tratamos de tener confianza o relajarnos; asentamos todo el peso de nuestro cuerpo en el mueble porque tenemos razones para esperar que nos sostendrá. Si en alguna ocasión no se cumplió esa expectativa, la próxima vez nos acercaremos recelosos a la silla preguntándonos si habrá sido reparada y podrá sostener nuestro peso. Es una justificable reacción natural ante la experiencia pasada que nos llevó a perder la confianza y acercarnos con cautela a la silla.

Imagina que te se sentaras a la mesa del comedor y el peso de tu cuerpo desbaratara la silla. Pocos de nosotros, por no decir ninguno, volveríamos a esa silla sin pensar en lo que podría suceder si apoyamos en ella todo nuestro peso. Y si se te ocurriera volver a sentarte, tu mente gentilmente te recordaría lo ocurrido y tu sentido común te haría proceder con cautela. Después de todo, ¿quién quiere caerse y golpearse el trasero por segunda vez?

La responsabilidad de restablecer la confianza descansa en

buena parte sobre el ofensor que nos decepcionó. Esa confianza se restablecerá solamente cuando se haya completado un nuevo historial de inquebrantable comportamiento consecuente que nos brinde un soporte más sustancial que el de los pasados encuentros. Hasta que una gran mayoría de datos recientes de ese historial haya reemplazado el modelo de comportamiento que nos decepcionó, no existirá la posibilidad de que confiemos de nuevo. En otras palabras, necesitamos inspeccionar los nuevos materiales de construcción para convencernos de que en realidad la nueva estructura es más sólida que la anterior.

No puedes obligarte a confiar en lo que no confías, igual que tampoco puedes obligarte a amar a una persona que no amas. Cuando se pierde la confianza es posible reconstruirla, pero el constructor debe estar dispuesto a marcar tarjeta y trabajar el tiempo que sea necesario para reconstruir lo perdido en el derrumbe. Si consideramos que en el pasado la víctima estuvo dispuesta a confiar y se quemó por hacerlo, nos queda clara la razón por la cual no puede llevar sola el peso de la responsabilidad de volver a confiar. La confianza solo se puede construir usando como cimientos las experiencias que hayamos tenido, y para reconstruirla, quien destruyó la estructura de la relación debe crear un ambiente de concordancia entre lo que diga y haga. De otra manera, toda la obra podría quedar destruida si el ofensor te traiciona de nuevo.

Al perro no lo capan dos veces

La mayoría de los sicólogos sostiene que el mejor pronóstico de comportamiento futuro son las experiencias pasadas. Si te presentan a William, cinco veces casado, cuyas cinco esposas han sido misteriosamente asesinadas, ¡sería prudente abrir el ojo cuando William ande cerca! Si Joe abusó sexualmente de su hija, su sobrina y su prima, ¡perdóname si no le pido que cuide a mis

hijas! ¿Se te ocurre pedirle al vecino que te haga una consigna-
ción, sabiendo que robó un banco y acaba de obtener su libertad
condicional?

Lo malo cuando se pierde la confianza es que reconstruirla
toma tiempo; lo bueno, que con una inversión apropiada y la disposición a tolerar permanentes inspecciones, se puede restablecer. La mayoría de las personas que han traicionado la confianza,
tienden a minimizar el tiempo que toma reconstruirla. Están an-
siosas por reconstruirla rápidamente y se impacientan si la otra
parte toma más tiempo del que ellas consideran necesario. Estos
ofensores no parecen ser conscientes de que es más fácil reparar
la silla rota que recuperar la confianza del hombre que se quebró
el hueso de la cadera cuando la silla cedió bajo su peso.

Aunque no hay duda de que reconstruirla es responsabilidad
de quien traicionó la confianza, esa persona no es la única que
debe trabajar en este proceso. Quien ha causado la pérdida de
confianza tiene la responsabilidad de mostrar que está dispuesto
a asumir el proceso de reconstrucción, y la víctima debe estar
dispuesta a permitir la reconstrucción. Pero debes saber que por
mucho que le trabajes a ese proceso, algunas personas no permiten olvidar lo que hiciste en el pasado y, como si trataras de
reconstruir en arena movediza un edificio que se derrumbó por
malos cimientos, será un trabajo perdido. La confianza jamás se
restablecerá, a menos de que ambas partes se comprometan con
el proceso de reconstrucción.

La persona que perdió la confianza debe trabajar para abrirse
y confiar de nuevo, pero por decisión propia. Esa persona no
puede reparar la pérdida de confianza por la fuerza ni por la
culpa que le hagan sentir para que se apure en curar su herida. La
persona que ha violado la confianza debe estar preparada para
andar el largo camino de la sanación. Tal vez ese prolongado proceso sea lo que da valor a la reconstrucción de la confianza y por

consiguiente no se puede obviar fácilmente. Si la recuperación de la confianza nos costara menos, no sería valiosa y se perdería de nuevo.

Esto me recuerda la reconstrucción de los atracaderos después del Huracán Katrina. Ahora, cuando llueve, los habitantes de Nueva Orleans tienden a revisar dársenas y muros de contención. Después de los estragos ocasionados por el Katrina, muy probablemente pasará bastante tiempo antes de que los habitantes de la ciudad dejen de sentir por lo menos cierta aprensión ante la amenaza de un huracán.

Cada vez que se recuerda lo ocurrido, se exprese o no externamente, es una secuela real de lo sucedido, y deberán pasarán varias tormentas antes de que el propietario de una casa junto al atracadero deje de correr a la ventana para mirar nerviosa e inquisitivamente hacia afuera. Sé que a la mayoría no nos sorprendería esa reacción. Sin embargo, muchas veces esperamos que los que han soportado nuestra última indiscreción, deslealtad o inconsistencia, renuncien inmediatamente a tener cualquier reserva. Eso simplemente no va a pasar.

¿Volverías a contratar a Sally si las dos últimas veces ella robó dinero de la caja registradora? ¿Confiarías en que James va a cerrar con llave la puerta trasera si ya la ha dejado abierta varias veces? Se necesitaría que él rectificara su descuido mostrando un comportamiento consecuente —cerrar la puerta con llave todas las veces— que restablezca la confianza. ¡Y no debería sentirse ofendido porque su jefe quiera revisar si la puerta quedó cerrada con llave! James sabe que ha creado este problema por las experiencias que su jefe ha tenido con él y si sinceramente desea recuperar su confianza, debe estar dispuesto a dejarlo revisar lo que hace hasta que el jefe se sienta razonablemente seguro de que la renovada responsabilidad de James se ha restaurado por completo.

Vetados para negocios

En mi niñez, uno de mis tíos acostumbraba a decir algo que en ese tiempo yo no entendía. Usualmente dejaba caer el comentario después de haberse rencontrado en una reunión familiar con algún primo suyo, largo tiempo perdido, que le debía dinero. Mi tío decía: "Lo amo, es familia. Pero simplemente no puedo hacer negocios con él". Cuando ya tuve más años y experiencia (y unos cuantos primos que me debían dinero) entendí lo que él quería decir. Puedes amar a alguien sin darle todo lo que te pida. De hecho, si tratamos de mantener el amor de alguien cediendo a sus exigencias, a menudo matamos la relación.

El verdadero amor no tiene nada que ver con la confianza. Y el perdón tampoco. Es perfectamente posible amar a alguien en quien no confías. También es muy factible perdonar a alguien y seguir desconfiando de esa persona. En las Escrituras no se nos manda confiar en todo el mundo. Estoy convencido de que la razón por la cual Dios no nos manda confiar en otros es porque la confianza no es algo que podamos establecer por cuenta nuestra y tampoco puede ser restaurada por una sola de las personas de la relación. ¡Entonces no sería justo ordenarnos hacer algo que depende del comportamiento de otra persona!

Aunque en las Escrituras no se nos manda confiar, sí se nos ordena perdonar. El perdón es algo que uno mismo puede reconstruir solo si es necesario, pero en cambio la confianza sí necesita pareja para ir al baile.

¿En cuánto tiempo se reconstruye la confianza? Esta es una pregunta grande para la cual no hay respuesta pequeña, y lleva a otras preguntas. ¿Cuán profunda fue la herida? ¿Cuánto tiempo le toma a la víctima curarse? ¿Cuánta paciencia tienes para permitir a la víctima desahogarse, llorar, quejarse, tener cambios de humor, y todo lo demás que le permita ganarse tu confianza de nuevo? Aunque la violación o la traición hayan durado solo segundos, pueden pasar años hasta que se restaure todo lo que se perdió en esos breves momentos.

Cuadrilla de construcción

El restablecimiento de la confianza demanda un esfuerzo conjunto. Para que la nueva construcción resista la prueba del tiempo, otras cualidades deben entrar al proceso. Tal como la reconstrucción de una casa derruida por un huracán o un tornado requiere del esfuerzo mancomunado de una cuadrilla de construcción —carpinteros, electricistas, plomeros, para nombrar solo unos cuanto— también debemos emplear trabajadores adicionales para construir nuestro nuevo edificio. La confianza se puede reconstruir cuando los siguientes trabajadores se unen a la cuadrilla de construcción.

1. La **honestidad**, que echa los nuevos cimientos. No podrás reconstruir confianza si no admites que fue traicionada.
2. La **comprensión**, pues entender por qué te traicionó el ofensor a menudo es parte necesaria del proceso de reconstrucción de la confianza. ¿Cuál fue el motivo de la ofensa?, ¿qué ganó el ofensor con infligirla? No conseguirás restaurar la confianza si no puedes discutir por qué se perdió.
3. La **consecuencia**, porque proporciona la estructura para renovar la confianza y, para avanzar, se requiere de la práctica continuada de una conducta. Es difícil que se forme costra y la piel se regenere completamente si la herida se sigue lastimando: debe recibir cuidado y protección permanentes para sanar por completo. Una buena dosis de cuidado regular y constante ayudará a sanar la confianza más rápidamente.
4. La **comunicación** abierta y fluida, porque permite que la confianza florezca de nuevo en un suelo agotado. La confianza necesita hablar: si no se discute, no se reconstruirá.

Las cosas más difíciles de curar son las que escondemos, así como los secretos que guardamos. Y es difícil curarlas porque la confianza necesita aclararlas. No podemos oprimir el botón de silencio y esperar que la confianza se incube en medio de lo que no ha sido expresado.

Entiende que la confianza necesita tiempo para sanar. En cambio el perdón es una decisión, un acto de voluntad, una opción que asumimos por cuenta propia. La restauración de la confianza no siempre toma el mismo tiempo. Algunas personas son capaces de sacudirse el dolor más rápidamente que otras, pero para muchas, el incidente particular que causó la pérdida de confianza no ha sido su única experiencia con ese dolor.

De modo que cuando se reabre una vieja herida, a menudo el proceso se demora más porque la persona ve un modelo en su propia vida que la hace cuestionar su propio criterio. Porque no solo ha perdido la confianza en quien lo hirió, sino que la mayoría de las veces también ha perdido la confianza en su propia capacidad de discernir la verdad. Esto es algo de lo que poco se habla, pero a menudo se convierte en el aspecto más difícil del proceso.

¿Alguna vez has dudado de tu propio criterio? Conoces a alguien y te causa una cierta primera impresión y más adelante, cuando ya has confiado en esa persona, te traiciona. Si esto te suena conocido, entonces entiendes que la insistencia con esa duda se presenta en el juicio que tiene lugar en tu propia cabeza. Te acusas a ti mismo de ser un tonto y te sentencias, simplemente porque no lo viste venir o ignoraste tu primera impresión.

En consecuencia, cualquier conversación que sostengas con otros sobre la confianza, será nada comparada con el partido de ping-pong que vuelves a jugar una y otra vez en tu mente. Solo el traicionado sabe cuán profundamente se extiende su desconfianza. Una situación hiriente puede aislarte en medio de palabras auto-flagelantes que revolotean como abejas sobre la miel. Así que reconstruirla no solo implica recuperar la confianza en una relación o un compañero de trabajo. Si los depósitos emocionales se han perdido quedando en bancarrota, aparece la depresión acompañada por el temor de invertir nuevamente en cualquier persona. Cuando perdemos la fe en nuestra capacidad para discernir y decidir por cuenta propia, nos retraemos y no vivimos a plenitud. Concluimos que no se puede confiar en otras personas ¡y aparentemente tampoco podemos confiar en lo que nosotros mismos opinemos de ellas!

Un tiempo para curar

Todos hemos visto la devastación y secuelas en una comunidad asolada por un tornado inesperado. Con el techo de su casa levantado como si un abrelatas gigantesco lo hubiera recogido hacia atrás, los preciosos objetos personales de una familia ahora están regados en millas a la redonda. Hay automóviles que cuelgan de árboles desgajados, tractores posados sobre graneros y enormes pilas de escombros que hacen ver la ciudad como un enorme basurero. Y en medio de su lacerante indefensión y desesperanza, la mayoría de los habitantes de la zona regresarán y construirán nuevamente.

A pesar de sus pérdidas emocionales, físicas y económicas, y de los años que tal vez les tome recuperarse de la devastación sufrida, ellos nos enseñan que lo que realmente importa sigue intacto. La vida de sus seres queridos, un lugar donde volver a casa, un sentido de familia, de comunidad y de conexión con quienes los rodean. Muchos reconocen la bendición que supone haber sobrevivido al tornado. Con su expresión decidida y actitud agradecida, ellos dicen: "Podemos reconstruir".

Si tu relación ha quedado en ceros y la confianza ha sido maltratada por esos golpes que da la vida; si tu colega se ha aprovechado de ti y ahora lloras cuando vas camino a un trabajo que amas pero en una situación que detestas, piensa en lo que te quedó y no en lo que fue destruido. *Nadie reconstruye sobre lo que perdió*. La reconstrucción empieza cuando empiezas a apreciar lo que quedó.

En algunos matrimonios sacudidos por la humillación y el escándalo público o privado, lo único que ha quedado es el amor. Seguramente agrietado por la desconfianza y con el marco torcido por la acción inclemente de insospechados secretos. Pero lo que realmente importa, que es el retrato bajo el cristal y el marco, aún está ahí. A veces solo sabes qué es lo que importa cuando has perdido todo lo demás. Muchas parejas finalmente liberadas de secretos y obligadas por la tormenta a ser absolutamente sinceras, descubren que la reconstrucción, aunque tediosa y estresante, todavía es posible.

Descubren que lo que realmente les importa sigue intacto. Irónicamente, fue necesaria la destrucción causada por la tormenta para remover muchas capas y revelar lo que existía debajo de todas. Algunos han vuelto a sincerarse entre ellos como no lo hacían desde años atrás y, aunque hayan perdido mucho, algo encontraron entre los escombros ¡y decidieron reconstruir la confianza!

He visto ejecutivos recuperarse de una situación tan devastadora que toda la gente que los rodea los mira con duda y desconfianza. La mayoría renuncia o son despedidos, pero otros se calzan sus botas pantaneras para empezar a vadear las estancadas aguas de la sospecha y, punto por punto, comienzan a re-definirse a sí mismos. Trabajan duro y finalmente acaban ganándose el respeto de todos porque escogieron la difícil opción de quedarse y reconstruir.

Por encima de la ofensa

Hace muchos años uno de mis hijos me robó algún dinero. Había dejado mi billetera con varios cientos de dólares, en el clóset. Aunque pueda parecer descuidado, a casi todos nos gusta pensar que en nuestro propio hogar nuestras posesiones están seguras y protegidas. No fue una enorme cantidad de dinero, pero ese no era el punto. Y este hijo no era pequeño, ya tenía edad suficiente para saber que eso no se hace.

Para ser sincero, me sentí como si me hubieran abofeteado. Supongo que mi herida debió ser obvia. No me importó el dinero, pero ver el desafiante desprecio de mi hijo por todo lo que no fuera su propia necesidad, fue muy doloroso. Asumí una severa actitud de enojo y disciplina, pero bajo todo eso simplemente me sentía herido porque mi propio hijo había traicionado mi confianza y me había robado. Me lamentaba una y otra vez por no poder dejar cosas regadas en mi propia casa, pensando desconsolado en todo lo que había hecho por mis hijos y que a este le habría dado lo que necesitara si me lo hubiera pedido. Ya después, un día a la vez, igual que todos, fui sobreviviendo después de haber sido ofendido y encontrando la forma de amar por encima de la ofensa.

Más adelante, yo crecería como padre y empezaría a entender que mi hijo estaba equivocado, pero también yo lo estaba. Mi visión y mi percepción del mundo no eran realistas. Es increíble lo farisaicos que podemos volvernos si somos la víctima. Tanto, que olvidé algo similar que yo mismo había hecho en mi adolescencia. ¿No es asombroso ver cómo tendemos a negarles a otras personas la misericordia que nosotros mismos hemos necesitado en algún momento de nuestra vida?

Además, ¡después de criar cinco hijos, sé que la adolescencia puede volverse caótica! Me doy cuenta de que muchos adolescentes no pueden menos que ser egoístas en su frenesí por cruzar el puente de ser el "hijo tuyo" para convertirse en "ellos mismos". Para padre e hijo, abordar la tarea de redefinir los términos de su relación requiere todo un ajuste. Generalmente, a los padres no les gusta soltar a sus hijos y ellos a su vez los consideran controladores y no amorosos. Por buenos que puedan ser los muchachos, nunca habían tenido que cruzar un puente así hacia la adultez y no hay reglas por las que puedan guiarse. Generalmente están tan confundidos porque aún no son hombres pero ya no son niños, que luchan por mostrar modales "viriles" y valores masculinos. A menudo les preocupa tanto cruzar ese puente que generalmente hacen algún daño por el camino. Pero si uno los guía y no se convierte en un idealista tan apegado a sus reglas que le cuesten perder al hijo, se encontrará de nuevo con él al otro lado.

Pasaron unos meses y las cosas prácticamente se habían normalizado cuando de repente un día mi hijo tuvo un estallido emocional. Con la cara bañada en lágrimas me dijo: "Papi, ¡no sé cómo arreglarlo!". Yo pensé: "¿Arreglar qué?". Lo que fuera que estaba ocurriendo en ese momento no tenía nada que ver con ese viejo asunto que para mí estaba cerrado. Mi dolor había cedido, pero lo que no sabía era que mi hijo había perdido la calma sacudido por la culpa y la vergüenza mucho más profundamente de lo que yo habría podido imaginarme jamás.

Más tarde él me contaría cuánto se despreciaba a sí mismo por haberme decepcionado. Cuánto había sufrido y llorado noche tras noche hasta quedarse dormido. A veces las personas parecen no tener cargos de conciencia, pero eso no quiere decir que no lloren de noche. De alguna manera, saber que yo no solo estaba enojado sino herido, había abatido a mi hijo más que a mí.

Verás, cuando las personas nos aman sinceramente, también detestan decepcionarnos. Si observas la vida de cerca, lees los periódicos o sigues los noticieros, eventualmente verás que el hecho de que alguien sepa lanzar una pelota no quiere decir que sepa cómo ser un gran esposo. O que por excelente que sea el discurso de una persona, no necesariamente la hace buena para administrar el dinero. Todos tenemos áreas en las que carecemos de habilidades, destrezas o experiencia, pero a menudo, son las personas cuyo talento parece ser más impresionante quienes más se avergüenzan de sus deficiencias.

Las personas que son fuertes en un área usualmente son débiles en otra. Todos mis hijos están bien dotados y son talentosos; cada uno tiene áreas en las que es excelente. Que mi hijo hubiera sido débil en un área o tomado una opción tonta, egoísta y dolorosa, no quería decir que no tuviera mucho que ofrecer. Hay una diferencia entre debilidad y maldad, y estoy seguro de que si eres buen padre, entenderás lo que estoy diciendo. Pero lo que me desconcierta es que podamos sentir tanta compasión por nuestros propios hijos y sin embargo ¡no caigamos en la cuenta de que el daño que nos hicieron aquella señora o el tipo que no nos dio crédito por el trabajo, no es algo imperdonable! Por favor, recuerda que ellos también son hijos de alguien. Y así tal vez tú puedas respetar sus valores sin destruir a la otra persona.

Aunque por el camino otras tormentas me han puesto a prueba, mi relación con mis hijos no volvió a pasar por esa prueba jamás. A fin de cuentas, la ofensa no fue tan importante para mí como lo fue para mi hijo, y en últimas pude facilitarle a mi hijo pródigo el camino de vuelta a casa. La disposición a reconstruir la confianza es una prueba importante de nuestro propio carácter. Si negamos a otros la misericordia, ¡entonces estamos diciendo que no hay redención posible para los culpables!

Sí, la confianza toma tiempo, igual que también toma tiempo reconstruir una casa después de una tormenta. Pero que algo sea difícil no significa que no valga la pena hacerlo; a veces el verdadero tesoro aparece en el proceso de la construcción. Después viene una comunicación abierta, las debilidades quedan al descubierto y se empieza a construir la intimidad. La relación que una vez se desbarató —el jefe al que casi llegaste a odiar o el mismo amigo que pensaste que no te ayudaría jamás— puede ser la que más adelante te brinde mayores alegrías. Lo que todos queremos en realidad es alguien que pueda ver nuestras peores fragilidades y de todas maneras nos ame. Pero la trágica ironía es que queremos de la gente algo que a menudo nosotros mismos no estamos dispuestos a dar. Debemos recordar la Oración de nuestro Señor: "Perdona nuestras ofensas así como nosotros perdonamos a los que nos ofenden".

Si el golpe ha sido tan duro que todo lo que te queda es un amor destrozado, entonces tal vez sea tiempo de reconstruir. El amor y la gentileza a menudo se llevan una buena paliza en cualquier proceso de socialización con otra persona que tenga imperfecciones. Pero jamás te arrepentirás de tomar ese camino. El perdón es una opción. Una vez que decides otorgarlo, viajará en primera clase. He aprendido que el perdón puede tomar un jet pero la confianza viaja en autobús, ve todos los sitios y explora sus alrededores. La confianza puede llegar más tarde que el amor o mucho después que el perdón, ¡pero llegará mucho más enriquecida por el viaje!

Nueve

Tasa de recuperación

Recientemente, mientras el mundo expectante buscaba culpar a alguien que no fuera el icono que había perdido, el cardiólogo Conrad Murray, médico de Michael Jackson, fue hallado culpable de homicidio sin premeditación por la muerte prematura de su paciente más famoso. En las dramáticas pruebas presentadas ante el tribunal, los medios habían escudriñado cada matiz, opción y posibilidad de las acciones y motivos del médico, contra el telón de fondo de la trágica muerte de una de las mayores superestrellas musicales del mundo.

Durante todo el juicio un hecho permaneció invariable en medio de todas las pruebas presentadas: el cargo de homicidio sin premeditación. Jamás estuvo sobre la mesa el cargo de asesinato en grado alguno. No soy perito judicial, pero el caso pareció gravitar alrededor de culpa grave por parte del Dr. Murray en la muerte de Michael y de ahí al cargo de homicidio sin premeditación. La diferencia entre esa acusación y una de asesinato es determinada por la interpretación que haga la corte de la intención del médico.

Todos los médicos debidamente matriculados han hecho el juramento de Hipócrates al obtener su certificación. Ese voto incluye "la promesa de no hacer daño". Diversos testimonios y pruebas parecen haber señalado que el Dr. Murray jamás tuvo la intención de que Michael Jackson, ni ninguno de sus pacientes, falleciera como resultado de su tratamiento.

Sabemos que el reputado cardiólogo no se levantó esa fatídica mañana y dijo: "Hoy voy a matar a Michael Jackson". El remordimiento del hombre fue evidente a lo largo del proceso. Se le vio llorando cuando se dirigía a escuchar el fallo y también en ciertos momentos del juicio. Sin embargo, el veredicto de culpabilidad que resultó del juicio envía el mensaje de que el Dr. Murray, a pesar de sus buenas intenciones, sí debe ser responsabilizado por su participación en la sobredosis de su paciente.

Como hemos visto en nuestra incursión por la zona de combate de la negativa a perdonar, muchos acabamos heridos y vilipendiados por alguien que ni siquiera tenía intención de lastimarnos; porque como daño colateral del paso de su egoísmo, egotismo y arrogancia, fuimos atrapados por el fuego amigo de ese alguien que asegura preocuparse por nosotros.

Una extraña en la portada

Igual que el caso del médico de Michael Jackson, en el cual alguien que debía cuidar de su salud acabó contribuyendo al deceso de Jackson, a menudo salimos lastimados por aquellos que aparentemente quieren ayudarnos. En muchos casos resultamos heridos en el alma por gente que no se proponía lastimarnos. Ningún marido infiel sale dispuesto a romper el corazón de su esposa; el auto-destructivo cumplimiento de su propia necesidad lo impulsa a desentenderse de la reacción y bienestar de su esposa.

La mayoría de los hombres que se ven envueltos en relaciones adúlteras con otra mujer no decidieron un día ver cuál sería la forma más efectiva de partirle el alma a su esposa. El dolor de ella es simplemente un subproducto de la anteposición a todo lo demás de los propios deseos de su esposo, y que su dolor sea un daño colateral no consuela a esa esposa que, sola en su cama, por la noche se duerme llorando por el esposo que la traicionó.

Los padres que pasan por el trauma de un divorcio nunca tienen intención de dañar a sus hijos, y de hecho por lo general hacen todo lo que esté a su alcance para mitigar su perturbación y facilitarles la transición. Por fortuna, no todos los divorcios tienen un impacto negativo sobre los hijos; pero la ausencia de mala intención por parte de su padre no evita que algunos niños sean terriblemente afectados por el temor, la incertidumbre y el sentimiento de abandono.

Si no aprendemos a recuperarnos y restablecer nuestro propio bienestar y salud emocional, a menudo quedamos atrapados en un ciclo que ejerce un impacto viral parecido en quienes nos rodean. Lo he visto en la vida de una amiga muy cercana, que cuidó nuestros hijos cuando estaban pequeños y trabajó codo a codo con mi esposa en un ministerio de mujeres. Ella es una de tres hermanas que, por diversas razones, no fue criada con el resto de su familia, quienes a menudo iban a visitarla a otro estado, donde vivía con un primo.

Apenas vislumbrada la normalidad de tener a sus hermanas al pie haciéndole bromas y amándola y a sus padres siempre con ella para escuchar lo que hubiera hecho en el día y celebrar sus logros, mi amiga debía correr el telón sobre esa visión y volver a la realidad de su separación.

Cada vez que ellos se iban, ella salía hasta la portada y veía desaparecer el auto familiar calle abajo, siguiendo el brillo de sus luces rojas traseras hasta perderlas en el mar de tráfico y, en ese momento, sentía todo el peso de su abandono. Me confesó que siempre tenía la fantasía de que un día, mientras ella aún seguía allí con los ojos inundados de lágrimas, el auto de su familia girara y se devolviera a recogerla, porque sus padres y hermanas no podrían soportar su ausencia. Solo que su fantasía siguió siendo solo el deseo inalcanzable de la imaginación de una niña solitaria, que jamás se hizo realidad.

Mi amiga es exitosa, encantadora, inteligente, fuerte y compasiva. Ella ilumina una habitación y le gusta a la gente; cualquiera de nosotros envidiaría su vida si no supiéramos que su corazón sigue estando en esa portada. Hasta la fecha, a ella le cuesta invertir en una relación porque siente que si se entrega por completo a otra persona, corre el riesgo de ser abandonada. Entonces, para evitarlo, no hace la inversión necesaria para tener una relación fuerte: se permite llegar a cierto punto, metafóricamente a la portada, pero luego toma distancia y reprime su capacidad de entrega.

La he visto salir con hombres apuestos, fuertes y gentiles, encantados por su personalidad llena de vida y su atractiva figura, que cuando empezaron a salir con ella, se encontraron con un suntuoso empaque vacío en el cual no parecía haber contenido alguno de carácter, amor y conectividad. Porque conozco su historia y la fragilidad de su corazón, sé que no es así y veo a la niñita atrapada en el cuerpo de esa hermosa mujer, que todo el tiempo vuelve a aquella portada para quedarse viendo al auto partir. Su temor a ser abandonada la domina y ella es su esclava, encadenada por su falta de voluntad para involucrarse con la determinación necesaria para poder construir una sana y confiada relación. No quiero contarles cuántos hombres han acabado heridos y decepcionados en su proceso de buscar quién los ame, que no se enteraron jamás de que habían salido con alguien que siempre los vería desde la portada.

Pienso en mi amiga cada vez que leo el texto bíblico sobre el hombre tullido en la puerta llamada Hermosa. Era un tullido de nacimiento al que sus amigos llevaban todos los días a la puerta Hermosa, que quedaba camino del Templo. La gente que iba a rendir culto o llevar una ofrenda pasaba junto al mendigo tullido y, como él no podía trabajar para ganarse la vida, le daban limosna.

Pedro y Juan pasaron un día, y el tullido les pidió una limosna. Los dos seguidores de Jesús probablemente no tenían mucho para darle, porque Pedro dijo: "No tengo plata ni oro; pero lo que tengo, te doy. En nombre de Jesucristo el Nazareno, ponte a andar" (Hechos de los Apóstoles, 3:6, NIV), y lo tomaron de la mano y él se levantó, caminó y empezó a brincar y saltar, alabando a Dios por el milagroso don de la sanación que acababa de descender a sus tobillos y pies.

El tullido nunca se había permitido pedir lo que más anhelaba, que era poder caminar sobre unos pies sanos. Pedir limosna a los feligreses que iban al culto era mucho más fácil. Por esas ironías de la vida, Pedro y Juan no podían darle lo que les pidió —le dijeron que no tenían oro ni plata— pero sí pudieron darle lo que su corazón había renunciado a conocer algún día.

Por ser tullido de nacimiento, jamás había dado un paso sin que un dolor lancinante le subiera desde los tobillos a las pantorrillas, haciendo trastabillar sus débiles piernas. ¡Y de repente podía caminar y sin dolores! Con la jubilosa frescura de un bebé que acaba de descubrir que sus dos piernas pueden llevarlo hacia adelante con cada paso, este hombre hecho y derecho experimentó la movilidad para la que su cuerpo había sido diseñado.

Si mi amiga pudiera experimentar el mismo milagro que está a su disposición igual que estuvo a la del hombre tullido, la oxidada portada de su infancia junto a la cual permanece se transformaría en un lugar de milagros, ¡en una verdadera puerta Hermosa! Lo único que ella tendría que hacer es pedir lo que desea, sin pensar en protegerse del riesgo de amar.

Pero para poder pedir, debe estar dispuesta a perdonar, a comprender que quienes la lastimaron al abandonarla tienen sus propias y dolorosas cicatrices porque en su niñez también ellos fueron abandonados. Si alguna vez has sido víctima de alguien cuyas flaquezas te rompieron el corazón, el alma o el cuerpo, recuerda que parte de la sanación empieza cuando uno comprende que muchos de quienes nos hieren también fueron víctimas.

Guerreros heridos

La mayoría de las personas heridas en alguna forma, reaccionan hiriendo inconscientemente a otras personas, y yo las catalogo en tres tipos: **1. aisladas; 2. desconectadas; y 3. inhibidas.**

Las aisladas, se ocultan bajo un disfraz para que nadie pueda acceder a su corazón y lastimarlo de nuevo. Como mi amiga, que se queda en la portada de su pérdida de niña, las aisladas se esconden bajo una armadura emocional en su intento de evitar que alguien sepa cómo son realmente. Van al trabajo envueltas en ese material aislante; se casan igualmente envueltas; y en la iglesia interactúan a través de gruesas almohadillas aislantes. Y no lo hacen para aislarse expresamente de la persona con quien estén conversando, sino porque temen que lo que les ocurrió en el pasado inevitablemente ocurra de nuevo, y por eso evaden cualquier posible relación cercana.

Cuando nos encontramos con ese tipo de personas, los que somos muy perceptivos sabemos que algo en ellas no corresponde. A menudo las etiquetamos como falsas o taimadas o engañosas, y recelamos de ellas porque no podemos decir con exactitud qué nos hace pensar eso. Pero es que muchas veces, sin saberlo, ellas mismas emiten una señal que quienes las rodean captan subliminalmente y es la clara advertencia de que no se acerquen demasiado. Ante eso, según el tipo de relación y circunstancias, lo más probable es que esas otras personas decidan guardar distancia.

Sin embargo, si tuviéramos la paciencia de retirar una a una las capas que envuelven a una persona aislada, encontraríamos que la están aislando del temor. Ella no puede comprometerse con otras personas porque sigue presa de su decisión de proteger a su niña interior, que ha crecido físicamente pero emocionalmente sigue siendo pequeña. Nadie está al tanto de lo que sienten estas personas que viven su vida como pequeñuelos chupándose el dedo y con lágrimas en los ojos aman, danzan y trabajan desde la portada de una experiencia traumática que jamás revelan.

El segundo grupo es el de las personas desconectadas. Ellas se desconectan para evitar la posibilidad de ser rechazadas pero, a diferencia de las aisladas, que sí entablan relaciones aunque sea bajo capas de relleno protector, las desconectadas pueden estar frente a ti pero no contigo porque han dejado su maltrecho corazón en casa, desconectado de su interacción del día a día. Como la salud física de un paciente internado en la unidad de cuidados intensivos, la salud emocional de las personas desconectadas puede ser tan frágil que ellas prefieren no arriesgarse a retirar su corazón emocional del sitio donde se le mantiene con vida pero sin dolor.

Las personas desconectadas no solo permanecen solas en medio de un grupo, sino que temen integrarse por miedo a un rechazo que las aniquile emocionalmente. Se sabotean a sí mismas, con una actitud de desconexión que elimina la posibilidad de que alguien las toque o se acerque demasiado. No se sienten cómodas con otras personas, ni en un grupo grande ni con una sola persona. Sea que estén conociendo gente nueva, comunicándose con gente que creen conocer bien o interactuando con su familia y seres queridos, las personas desconectadas se sienten más seguras en su estado de desplazamiento perpetuo.

Este grupo de personas me duele en el alma porque entiendo, como lo dice la Biblia, que para el hombre no es bueno estar solo. Su desconexión es tal que a menudo las oportunidades que se les presentan las torturan y los grupos grandes las intimidan, pues su desconexión requiere de ellas una vigilancia constante. Tienen la idea errada de que soledad es libertad y su desconexión las protege de lo que temen, pero también las hace sufrir lo indecible por mantenerlas alejadas de lo que necesitan.

Las personas desconectadas hacen lo mismo que quienes recurren a medidas extremas al crear un sistema de defensa para su hogar: alarmas, luces activadas por sensores de movimiento, cámaras a control remoto, pistolas de rayos láser, perros guardianes, todo lo que se esperaría de un billonario para proteger su muy exquisita mansión. Pero el caso es que la persona desconectada protege la suya con tantas seguridades que si desea recibir un visitante, no sabe cómo desactivar los elaborados sistemas que ha instalado para impedir la entrada a intrusos no deseados.

Estas personas pueden tener hijos, amigos, compañeros de trabajo y otros relacionados, pero permanecen en un estado de segregación custodiada, separadas de los demás por sus propias barreras. He visto que muchas personas así se han suicidado, causando gran impacto en quienes las rodeaban y no pueden imaginarse el motivo, si la persona parecía tan sociable, amable, gentil y agradable. Pero nunca detectaron que la persona siempre se sintió aislada y afligida, y finalmente no pudo soportar más su auto-inducido confinamiento solitario.

Nuestro tercer grupo, el de las personas inhibidas, responde a las heridas que otros les han causado, con un sentido de frustración pesimista no igualado. Nada es suficiente para reemplazar lo que han perdido, lo que han soportado, lo que ellas siguen cargando en su interior. Sin importar lo que obtengan o logren, siempre están decepcionadas y atrapadas en un perpetuo estado de frustración.

Se sienten frustradas porque las cosas buenas de la vida parecen escapárseles de entre los dedos, sin perdurar lo suficiente para refrescarlas y calmar su sed. Igual que el agua en un balde agujereado por el óxido, ningún cumplido, ninguna palabra de aliento parece quedarse con ellas porque escapa por los agujeros de sus heridas y desazón personal jamás curadas.

Incluso cuando interactúan con las personas que aman, sus propias secuelas de la injusticia padecida le han dado vida a una idea de merecerse todo, que ahuyenta a los demás. Ellas intentan encontrar solaz haciendo dinero, obteniendo ascensos o re-inventando su propia apariencia con cosméticos, joyas ostentosas y ropas de marca. Pero por bien que luzcan, siguen inhibiendo su propio crecimiento porque no dejan de picotearse las heridas de su pasado.

El matoneo

Si no somos presa de una introspección que nos atrapa convirtiéndonos en una persona aislada, desconectada o inhibida, damos rienda suelta a nuestro enojo y nos convertimos en matones. Probablemente no lo veas así, pero quienes te conocen saben que tienes armas potentes para someter a otros a tu poder. Los matones no perdonan a nadie, castigan y hacen maldades para camuflar su propia vulnerabilidad. Y se aprovechan de las flaquezas de quienes los rodean para explotarlos, manipularlos y controlarlos, recordándoles sus faltas permanentemente.

En los últimos tiempos se ha hablado mucho del matoneo que vemos en escuelas, patios de juego, vestidores y salones de clase en todos los Estados Unidos. STOMP Out Bullying (www .stompoutbullying.com), dio a conocer una investigación según la cual uno de cada cuatro niños ha sido víctima de matoneo en la escuela, y en línea el porcentaje de matoneo afecta al 43 por ciento de los chicos. Todos hemos escuchado terribles historias de ciber-matones que difunden chismes ponzoñosos y malintencionadas mentiras aprovechando el contagio viral de las redes sociales. Estos matones intimidan a otros niños por sus diferencias, que pueden ser de limitación física, peso, género u orientación sexual. El problema se ha vuelto tan álgido que muchas víctimas de esos matones se quitan la vida para escapar a sus terribles agresiones verbales o físicas.

Debemos corregir este problema enseñando a nuestros hijos a respetar e interactuar con las personas que son diferentes a nosotros en alguna forma. Pero seamos claros, el matoneo no ocurre solo en patios de juegos o escuelas, ni es un comportamiento aislado de adolescentes llenos de hormonas. He visto matoneo en matrimonios, con episodios de violencia doméstica en los cuales uno de los cónyuges masacra la autoestima de la persona que dice amar.

Según el Domestic Violence Resource Center (www.dvrc-or .org), en los Estados Unidos una de cada cuatro mujeres será agredida físicamente por su esposo, novio o compañero, en el transcurso de su vida. En nuestro propio país más de tres millones de mujeres reportarán lesiones físicas como resultado de un altercado violento con su marido o compañero. Eso sin contar los miles de casos no reportados, ni las miles de personas que no habrán sufrido heridas físicas pero sí llevan cicatrices emocionales y psicológicas del maltrato recibido.

A muchas personas que no han tenido experiencia directa con el maltrato doméstico, a menudo les cuesta entender por qué tantas mujeres regresan donde sus agresores. Entre otras razones, a esas mujeres se les dificulta dejar a esos hombres porque muchas veces son tan encantadores como destructores y ellas no parecen saber cómo conservar al hombre que quieren sin tener que soportar al que no quieren.

Ese comportamiento, sin embargo, no solamente es propio del género masculino. Frecuentemente he visto mujeres matonear a los hombres con tanta fuerza como si sus palabras fueran puñetazos, porque continuamente les señalan sus defectos y faltas, sin reconocerles jamás sus cualidades y logros. Durante años y años, esas matonas domésticas sacan a relucir errores pasados y los usan cual garrote para aporrear y magullar la masculinidad y autoestima del marido hasta fragmentarla al punto de que ese marido empieza a vivir o asumir el comportamiento de una deforme caricatura del hombre que debía haber sido.

Después de haber predicado en cientos de funerales en el curso de mis treinta y cinco años de ministerio, he visto asombrosas transformaciones que confunden a los dolientes y a mí mismo. A menudo he observado a quien en vida atormentó a la persona fallecida, mostrar una consternación absoluta, llorar y contar historias de su relación, y apartar ofrendas florales para estar más cerca del ataúd. ¡Es increíble ver que quien acabó con la persona fallecida, sea después el que llore a gritos en el funeral! Muchas veces la culpa imita a la pena en aquellos que matonean y atormentan a otras personas.

Pero nuestras palabras y puños no son nuestras únicas armas. En nuestra narcisista era en la que el *twitter* difunde hasta el más mínimo pensamiento, hay personas que matonean a otras con su intelectualidad. Acaban con el valor de personas menos inteligentes, mirando por encima del hombro y menospreciando a quienes no han tenido o aprovechado la oportunidad de educarse para dar realce a su vida. El hecho es que todos somos hijos de Dios, creados a su gloriosa imagen y las contribuciones de aquellos con menos inteligencia pueden ser igualmente valiosas.

Pensar que porque una persona no lo sabe todo, no sabe nada, es una tontería. Los químicos necesitan jardineros, los médicos necesitan plomeros, los directores ejecutivos necesitan mecánicos. No somos independientes unos de otros, somos interdependientes. Alejamos personas que de todas maneras necesitamos y luego sufrimos por falta de lo que habríamos tenido si no las hubiéramos matoneado por ser diferentes a nosotros.

Conozco un ingeniero químico muy respetado, inteligente y brillante, que la otra noche me llamó presa del pánico ¡porque su apartamento estaba inundado y él no sabía qué hacer! Perdió

cien mil dólares en muebles, porque aun siendo ingeniero químico y poco menos que genio, ¡no sabía lo que es una válvula de
seguridad para vaciado rápido en un calentador de agua! Y ahí
estaba yo en el teléfono diciéndole que tomara una llave inglesa
e hiciera girar la válvula. A pesar de sus vastos conocimientos,
algo que a muchos nos habría parecido elemental, a él se le había
salido de las manos. ¡Sabía un montón de cosas, pero no tenía ni
idea de ésta!

Eso me recuerda en la Biblia la historia de Naamán, respetado y aguerrido capitán del ejército sirio. Sus seguidores, gladia-
dores y hombres valientes, eran reconocidos por los altos mandos
de Israel y de Siria por su astucia y destreza. Siendo su líder, a
Naamán se le tenía en gran estima como hombre fuerte e influyente, pero a pesar de esas cualidades, bajo su resplandeciente
armadura, él guardaba un peligroso secreto: era leproso.

Ni su sagacidad en el combate ni sus estrategias militares
podían mitigar su dolencia. Hasta que una de sus sirvientes,
una muchachita capturada en Israel que ahora servía a la esposa
de Naamán, le habló de un profeta de su país de origen, Eliseo,
quien podía curarlo a través del poder de Dios. A diferencia de
Naamán, ella no había tenido el beneficio de ser educada e influyente —simplemente era una esclava— pero sin ella, a pesar de
toda su fuerza e inteligencia, Naamán habría podido morir. (Lee
la historia completa en el segundo Libro de los Reyes 5:1,19).

Si ves que de alguna manera te estás comportando como
matón en la vida de cualquier persona, te reto a que corrijas lo
que alienta tu necesidad de agrandar tu ego despreciando a los
demás. Entiende que despreciar a otro ser humano no te hace
más grande y en cambio pone de presente el hecho de que si tú
mismo no te consideraras poca cosa, no tendrías que tomarte el
trabajo de querer verte más grande a costa de otra persona. Tal
vez ni te des cuenta del impacto de tus interacciones, pero el ma-

toneo es incorrecto en todas sus formas, física, verbal o emocional. Quizá no hayas tenido intención de herir a esas personas, pero sea por homicidio sin premeditación o intencional, el niño sigue bajo tu auto.

Buenas intenciones

Tal vez hayas reconocido a tus seres queridos y a ti mismo entre estos cuatro tipos de personas que luchan por recuperarse y seguir adelante con la clase de vida productiva y abundante que su Creador quiso para ellas. Entonces ¿cómo romper las capas de aislamiento emocional, los elaborados sistemas de defensa con que rodeamos nuestro corazón, y nuestras inútiles inhibiciones? ¿Cómo detener esa terrible transformación en matones que encuentran un distorsionado alivio en imitar el maltrato de sus propios agresores? Me gusta que lo preguntes porque la clave está en entender que nuestra recuperación requiere de ejercicio emocional y flexibilidad espiritual.

Igual que un paciente en recuperación después de un accidente automovilístico que pudo costarle la vida, debemos superar nuestro propio dolor para poder regresar a un estado de sana funcionalidad. La velocidad a la que nos recuperemos de nuestras heridas, a menudo es directamente proporcional a lo conscientes que seamos de nuestras propias faltas, así como a nuestra voluntad de avanzar y volver a arriesgarnos. Debemos aprender a perdonar y, si no olvidamos las viejas ofensas, por lo menos debemos poder liberarnos del control que ejercen sobre nosotros.

Cuando un cardiólogo ordena una serie de exámenes para determinar la fuerza y estado del corazón de un paciente, usualmente incluye la prueba en una cinta caminadora para determinar cuán rápido se recupera el corazón del esfuerzo realizado. Así como un corazón saludable que se recupera rápidamente y enseguida bombea a todo el cuerpo agotado por el ejercicio la muy necesaria sangre rica en oxígeno, nuestro corazón emocional también fue diseñado para ayudar a recuperarnos rápidamente.

Desafortunadamente, a nuestro corazón emocional con frecuencia lo bloquean y oprimen sentimientos de enojo, dolor, amargura y rencor. Si queremos restablecer nuestra salud emocional y espiritual, debemos practicar perdonando, si no a diario, por lo menos con regularidad. En lugar de retraernos en nosotros mismos para aislarnos, desconectarnos o inhibirnos, podemos convertir nuestro enojo por un agravio, en el combustible de nuestra recuperación.

Creo que lo que nos permite perdonar a las personas que han matado algo en nuestra vida es habernos tomado tiempo para entender por qué hicieron lo que hicieron. Es muy difícil odiar a alguien a quien uno entiende. La Biblia dice que ganemos entendimiento en todas las cosas. En mi juventud a menudo me pregunté por qué sería tan importante ganar entendimiento, pues de todo lo que uno puede obtener, alcanzar, lograr y conseguir, la Biblia enfatiza repetidamente la vital importancia del entendimiento.

Habiendo alcanzado un punto en mi vida desde el cual ya comprendo ese texto, tengo claro que el entendimiento no solamente te ayuda a comprender a otra persona, si no puedes compenetrarte con ella, sino que también es la potente herramienta con la cual podemos reparar el daño sufrido. A través del entendimiento, podemos regresar a la escena de la ofensa y meternos en los zapatos de la persona que nos ofendió. Si entendemos la intención de nuestro agresor nos liberaremos a nosotros mismos, pues nos daremos cuenta de que su acción no fue un homicidio deliberado sino accidental.

Y por favor, permíteme reconocer claramente que en ambos casos, sea homicidio con o sin premeditación, ocurre una muerte, se pierde algo que no se puede volver a la vida. Cuando un padre en su prisa por llegar al trabajo retrocede en el auto sobre su hijo de tres años al salir del garaje, su accidente por falta de cuidado es algo que jamás habría querido hacer, y salta del carro gritando de dolor porque jamás había caído en cuenta de que sus acciones podían lastimar a alguien que amaba. Y sin embargo, todos los días las personas lastiman a sus seres queridos de alguna manera.

Lo trágico es que todas las buenas intenciones no podrán deshacer las terribles lesiones causadas al niño. El remordimiento del padre no elimina contusiones ni borra cicatrices. Sin embargo, para la recuperación emocional de ese niño, el mejor paliativo será saber que su papito jamás tuvo la intención de hacerle daño.

Tal vez en tu vida adulta hayas llegado a un punto en el que de repente puedas ver a tus padres bajo una óptica diferente. Quizás ahora puedes entender las presiones que soportaban, el estrés que los abrumaba, las heridas que ellos mismos recibieron. Raro es el padre que por lo menos no procura hacer lo mejor que puede por su hijo, incluso si su propio control sobre ese mejor esfuerzo es muy limitado. Entender cómo fueron las cosas para tu madre, para tu padre, puede liberarte y llevarte a perdonarlos con tanta profundidad que finalmente llegues a la raíz de tu propia herida. ¡Deja atrás tu dolor! Libéralos de esa jaula de dolorosos recuerdos y amargas decepciones y simplemente trata de amarlos por lo que sí te dieron.

Deja atrás tu dolor

Mi propio entendimiento de mis padres ciertamente ha mejorado ahora que yo mismo soy padre. Y conste que soy un sobreviviente, pues he sobrevivido a la etapa del mayor reto en mi vida: la crianza de cinco hijos adolescentes. ¡Y me salvé de milagro! Muchas veces pensé que no lo conseguiría, y ¡muchas veces pensé que mis hijos no lo conseguirían! Ese estado temporal en la vida del ser humano que llamamos adolescencia puede producir algunas de las observaciones más insultantes que nos sea dado afrontar. ¿Cómo alguien que empezó siendo tan dulce, adorable y precioso puede volverse tan egoísta, centrado en sí mismo y despiadado en sus comentarios? Y, sin embargo, todo eso parece inherente a esa época de la vida en la cual una persona se aparta y empieza a formular su identidad propia por fuera de la forma en que sus padres la ven.

Yo sobreviví a eso y tú también puedes sobrevivir. La absolución viene después, cuando el hijo que se quejó incesantemente de lo mal padre que has sido llega a su edad adulta y encuentra que ser tan perfecto en la crianza no es tan fácil como pensaba. Los nietos son la absolución de padres heridos que ahora ven con empatía las dificultades de sus hijos con la paternidad. Esta es la época de la vida en la que se genera el vínculo afectivo más estrecho de los padres con sus hijos. Pero ese vínculo que los conecta no es un signo de que tenías razón. Más bien es la unión que ocurre cuando ambos, padre e hijo adulto comparten la conectividad que proviene de sus mutuas imperfecciones.

Cuando suponemos que no tenemos faltas, resulta muy fácil apedrearnos unos a otros. Pero cuando esas faltas se vuelven tan evidentes y obvias que la piedra de la crítica salta de la pura indignación, a eso sigue la humildad que se convierte en un tremendo vehículo para el verdadero perdón. Mi punto es simple: aquel de nosotros que esté libre de pecado, que tire la primera piedra. Por supuesto que los detalles podrán ser diferentes, pero la verdad es que todos hemos lastimado en alguna forma a alguien a quien no nos proponíamos hacer daño.

Si vamos a ser perdonados, debemos estar preparados para perdonar. Todos nosotros sabemos que si vivimos lo suficiente, cometeremos homicidios sin premeditación en las finanzas, el matrimonio y las relaciones. Es lo que todos los seres humanos tenemos en común. Si puedes admitir que necesitas el perdón, entonces te pregunto ¿por qué no perdonas tú?

Tengo la esperanza de que cada víctima pueda encontrar la misericordia de perdonar a su agresor. Ciertamente no estoy sugiriendo que el perdón requiera de que sigamos expuestos a un maltrato continuado; eso sería tan insensato como peligroso. Pero entender la enfermedad que impulsa a un matón es un tremendo recurso para liberar al corazón del dolor causado por su agresión.

Deja atrás tus dolores para que puedas experimentar la misma vertiginosa libertad del hombre tullido en la puerta llamada Hermosa. ¡Déjalos y avanza tú mismo!

Diez

Ten misericordia de mí

Para responder a la petición de una persona que pide nuestra misericordia o perdón, no es necesario que vistamos una toga negra de juez o tengamos un mazo en la mano para encontrarnos en una posición de poder, y tampoco es necesario que comparezcamos en juicio o sirvamos de jurado. Claro que, ciertamente, a veces la penitencia no basta para exonerar la culpa. Y sí, para hacer lo correcto, otras veces tendremos que asumir nuestra propia posición contra una injusticia o incompetencia. Porque no le haremos ningún favor a los demás y tampoco a nosotros mismos si dejamos de lado nuestros principios, pues perderíamos la integridad del legado que queremos dejar.

Si vamos a juzgar al que nos ofendió, la pregunta sigue siendo la misma: ¿debemos sacrificar nuestra misericordia en el altar de las convicciones religiosas y principios rectos, valorando nuestros ideales más que las necesidades de una persona? El eco de los gritos de personas inocentes ahorcadas en la cacería de brujas en Salem resuena a través de los siglos para recordarnos lo que pasa si un ideal de los hombres desbanca a la justicia. Aquellos que se

han sentido seguros de estar en lo correcto aun estando terriblemente equivocados, han matado a un sinnúmero de personas.

¿Quién puede decirnos cuántos hombres murieron siendo
inocentes, antes de que se perfeccionaran las pruebas de ADN,
mientras la gente regocijada celebraba que se había hecho justicia aunque en realidad se había malogrado? Estaban seguros de
tener la razón aunque no podían estar más equivocados. Resulta
elocuente que el salmista David, quien había pecado por contar
sus soldados, atrajera un juicio sobre él mismo y los demás. ¿Por
qué cuando le dieron a escoger prefirió ser entregado a las manos
de Dios y no a las de los hombres? ¿Qué hay en el carácter perfecto
de Dios para que un hombre culpable escoja la justicia divina por
encima del veredicto de otros hombres que adolecen de tantas
flaquezas como él? Hemos discutido el perdón desde muchos
puntos de vista, pero ahora vamos a analizarlo desde el punto de
vista de Dios y veremos cuánto influye en nuestro propio perdón.
A medida que avancemos en nuestra exploración, encontraremos
que quienes practican la gracia del perdón con regularidad, a menudo también lo reciben con regularidad.

Cada mañana se renuevan

En una época de nuestra vida, usualmente cuando ya somos
adultos, nos despertamos por la mañana después de haber in-
fligido alguna ofensa y nos damos cuenta de que servimos a un
Dios que perdona, pues si no lo hiciera, ¡ninguno de nosotros
estaría todavía aquí! Nuestro Dios no solo es justo y poderoso,
también es compasivo y misericordioso. Y no es misericordioso
solo con nosotros, sino que la misericordia es su propia esencia.
Todos los seres humanos pueden mostrar misericordia, pero el
hecho de mostrarla no necesariamente revela que la misericordia
sea la esencia de su carácter.

Pero eso no pasa con Dios, porque en el centro de su Ser Todopoderoso, Él es pura misericordia y sus mercedes son inagotables, tanto que Jeremías, uno de sus profetas, dijo de ellas que "Cada mañana se renuevan" (Lamentaciones 3:23, KJV). Dios no nos abandona a nuestra suerte para hacer frente a un nuevo día con una misericordia vieja, o una posibilidad cincuenta-cincuenta de recibirla. Si fuera así, esa misericordia sería inadecuada e ineficaz. La razón para que su misericordia sea nueva cada mañana es que la misericordia de ayer eliminó todo registro de los errores de ayer de manera que cada nuevo día, Él está listo para un nuevo comienzo con nosotros.

Dios no mantiene nuestros errores colgando sobre nuestra cabeza como lo hacen las personas. Si los anotara, se desquitara, o buscara saldar cuentas pendientes con nosotros, nuestra situación sería grave, crítica. Pero podemos estar seguros de que también es un Dios de justicia y, aunque es misericordioso, no permite que ignoremos su autoridad. En su epístola a los Romanos, Pablo dice muy claro que Dios no quiere que sigamos ignorando sus deseos (Epístola a los Romanos, 6:1). No, Dios quiere que crezcamos, cambiemos y nos arrepintamos. Sin embargo, su misericordia es el abogado defensor que nos libera del fiscal de su justicia. Cuando la Justicia dijo: "Merecen morir", la Misericordia apeló por nosotros y por eso ustedes y yo estamos aquí. Nosotros debemos cumplir con su justicia para poder contemplar todo lo que nos puede ser revelado de su naturaleza divina. También vemos cómo ha influenciado nuestro comportamiento, la comunión nuestra con Él.

Como padre, siento que es importante que mis hijos me respeten, pero no quiero ser un padre que imponga una disciplina tan férrea que ellos tiemblen cuando sientan que mi auto llega a casa. Nuestro Padre Celestial, que también busca una relación sana con sus hijos, nos ofrece misericordia a fin de ser para nosotros algo más que nuestro Dios, nuestro Gobernante, nuestro Señor, aunque de hecho es todo eso. Pero como Creador nuestro también anhela tener una relación más íntima con nosotros, y ser reverenciado como Padre y no solo como policía moral. Si entendemos esta dimensión del carácter de Dios y su forma de expresárnosla, cimentaremos en roca firme nuestro entendimiento del perdón.

Lamentablemente, muchas personas jamás hacen esa transición en su entendimiento de Dios. Dicen creer que hay un "Ser Supremo", pero no dan ese paso mucho más íntimo de entender que el Creador del Universo es también un Padre amoroso y viven aterrados de Aquel que nos ama incondicionalmente porque una respuesta así a nuestra inmoralidad, es irracional.

Dios no espera que nos hayamos desarrollado y madurado para amarnos, generosamente nos ama siendo aún pecadores para demostrarnos que su amor es incondicional y que, a pesar de ser el único que tiene todo el derecho a juzgarnos, no lo hace para que seamos igualmente bondadosos con los demás. Así, en un acto de contrición por recibir tanta misericordia y bondad, nuestra misericordia también mostrará el amor de Dios a los demás.

Efecto de filtración de las riquezas

Cuando nos negamos a perdonar, básicamente insistimos en anteponer nuestros principios a los de Dios. En lugar de ser un canal conductor de su misericordia, nosotros, que tantas veces la hemos recibido, la negamos por un falso sentido de piedad y pureza religiosa. Una de las parábolas que Jesús usaba para enseñar esta verdad esencial no parece haber llegado a muchos de los sermones que he escuchado en estos últimos años. Tal vez de ahí provenga esa dolorosa falta de misericordia y bondad hacia quienes no sean nuestra familia y nosotros mismos. Hemos perdido el sentido de compartir, analizar, recibir y ofrecer perdón como comunidad.

A menudo escuchamos a líderes políticos diciendo que tenemos una "economía de filtración", teoría económica de que los dueños de las grandes fortunas filtran en la economía su dinero, el cual en su descenso va desatando una reacción en cadena que beneficia a todos los estratos económicos. Aunque esta teoría no valga como sistema económico, resulta perfectamente adecuada si se aplica a la misericordia. Comprenderás lo que quiero decir, ahora cuando exploremos juntos esta fascinante parábola.

Es la historia de un esclavo muy endeudado con su dueño y tan atrasado en sus pagos, que el frustrado amo ordena que el esclavo, su esposa, hijos y posesiones, sean vendidos para recuperar las pérdidas causadas por el flagrante incumplimiento del deudor. Cuando el esclavo escucha esa determinación, rompe a llorar frente a su amo en un arrebato emocional que finalmente aplaca su enojo. Impresionado por la intensidad del remordimiento del esclavo, el compasivo señor le perdonó sus transgresiones y le ofreció su misericordia y "le perdonó la deuda" (Mateo 18). El esclavo queda eufórico, la deuda perdonada y todo bien.

Sin embargo, Jesús continúa la historia relatando que el *mismo* esclavo a quien le había sido perdonada una deuda enorme y acababa de salvarse de que su familia fuera aniquilada y sus posesiones repartidas, sale y se encuentra con un compañero esclavo que le debía algún dinero. La deuda realmente era nada comparada con lo que el primer esclavo debía a su amo, algo así como centavos contra millones. Podría pensarse que el primer esclavo, en un acto de gratitud y celebración, trataría a su compañero con igual compasión y misericordia. Pero el primer esclavo se enfureció con su deudor y "lo agarró por el cuello y empezó a ahogarlo". Sé que esto suena un poquito exagerado, incluso increíble. Pero antes de que descartes ese dramático detalle como relleno agregado al evangelio de Mateo para aumentar su número de palabras, ¿puedo hacerte una pregunta? *¿Has sido tan misericordioso con otros como Dios lo ha sido contigo?*

Cuando tú y yo pensamos en todo lo que Dios (que lo sabe todo de nosotros) nos perdona, ampara y sostiene, ¿cómo nos atrevemos a condenar a otros? A menudo, emitimos juicios sin pensar en lo que nosotros mismos hemos hecho ni en su bondad para con nosotros, ignorando descaradamente ese don que nos ha dado. Es como si sufriéramos una amnesia espiritual. "¿Quién, yo? Bueno, ¡pero yo jamás he hecho nada tan malo como lo que él me hizo a mí!", o "¡Sé exactamente lo que Dios piensa de su comportamiento!". ¿Lo sabes?

El esclavo tuvo la oportunidad de ser importante en la vida del otro esclavo que le debía a él, pero su indignante enojo que lo llevó hasta casi ahogarlo, más bien me parece un intento de curar su baja autoestima con el engrandecimiento propio. Tal vez yo lo esté juzgando mal. Pero no puedo evitar ver en su reacción trazas de la misma arrogancia que a menudo muestran quienes buscan desesperadamente una oportunidad de ser jurados para escapar del banquillo de los acusados.

Te cuidado con lo que pides al rezar

La parábola de Jesús acerca del despreciable esclavo que es perdonado pero no puede perdonar, no es la única que nos ayuda a vislumbrar este principio vital del perdón. Cuando sus hambrientos discípulos sufren los retorcijones del hambre espiritual y le ruegan a Jesús que los enseñe a orar, él accede y les da el modelo de oración a la cual nos referimos como la Oración del Señor. Esta bellísima y poética plegaria tiene mucho poder y su lenguaje se eleva como un antiguo cántico eterno, lleno de teológicos indicios de lo que es importante para el propio Dios. Como el pan diario pedido en sus líneas, la misma oración se nos entrega como nutritivo alimento para nuestras almas hambrientas.

Lo más destacado es que en medio de la oración Jesús incluye una línea que debería hacer que hasta los más santurrones de nosotros cayéramos de rodillas al darnos cuenta de nuestra propia hipocresía. Es algo que tal vez nunca te haya molestado, pero a mí sí me ha rondado muchas veces, igual que las sombras danzando en la noche contra la ventana del dormitorio de un pequeño de cinco años. Muchos hemos oído esas conocidas palabras y las hemos citado y memorizado, pero ¿alguna vez has considerado lo que significan realmente? "Perdona nuestras ofensas como nosotros perdonamos a los que nos ofenden". ¡Dios mío! Ese es un pedido aterrador. Ese simple pedido ata mi perdón a mi voluntad de perdonar. Y no como una condición —no, porque eso repudiaría la esencia misericordiosa del carácter de Dios—. No, yo creo que esta oración nos recuerda la forma en que trabajan nuestros corazones; y si no sentimos una inquebrantable gratitud por lo que se nos ha perdonado, nos resultará increíblemente difícil perdonar a otras personas lo que ellas nos hacen. ¡No es fácil enseñar a alguien a manejar una bicicleta si siempre hemos ignorado nuestra propia dependencia de las rueditas de apoyo!

Quizás esa sea la clave para sentirnos perdonados. Las personas que no se sienten perdonadas a menudo me confrontan. Muchas veces ellas no pueden imaginar que un Dios tan perfecto perdone a un hombre tan imperfecto. Esa misericordia muchas veces resulta inconcebible para personas que no pueden permitir que el perdón de Dios fluya a través de ellas. Y a lo mejor intentan desesperadamente trabajar para ganarse algo que Dios da en forma gratuita, porque saben muy bien que ellas no darán lo que esperan obtener por sus propios pecados.

A menudo rogamos: "Perdona nuestras ofensas como nosotros perdonamos a los que nos ofenden". Pero ¿realmente estamos preparados para que Dios trate nuestra propia insensatez en la misma forma en que nosotros tratamos la de los demás? Hubo épocas en mi vida en las que me costaba decir esas palabras de la Oración del Señor. La pura verdad es que quise que Dios me tratara en forma diferente a la manera en que yo estaba dispuesto a tratar a quienes me habían ofendido o no habían cumplido su palabra empeñada conmigo. Y tuve que aprender a ofrecer a otros la misma misericordia que quería para mí.

Tal vez una de las razones por las que Dios ha permitido que seamos ofendidos por otros sea darnos una oportunidad de demostrarles Su amor a quienes necesitan de nuestra misericordia. Siendo así, es crucial para nuestro bienestar espiritual que descubramos el espacio de misericordia en el cual Dios existe para que podamos llegar a vivir con Él porque hayamos dado ejemplo de su carácter aun cuando el nuestro sea tan deficiente. Sí, es más fácil pontificar sobre la insensatez del comportamiento de los demás que confrontar el nuestro. ¿Será posible que todo lo que nos ha pasado sea solo una prueba? ¿Por qué no perdonan quienes son perdonados?

Situaciones de poder

La oportunidad de perdonar a alguien que nos ha ofendido no es tanto una prueba de cómo manejamos el poder sino de cómo manejamos la misericordia. La diferencia entre el ofendido y el que ofende a menudo es una línea delgada, un leve trazo de distinción entre las partes.

Este sentimiento de superioridad puede resultar intoxicante. Me recuerda al gremio bancario que durante la reciente recesión buscó que el gobierno lo rescatara. Los directores ejecutivos y presidentes de los bancos se presentaron tímidamente ante el Congreso para pedir misericordia financiera y alivio de la deuda. Y nos dejaron en estado de shock cuando, una vez que cumplieron con sus obligaciones financieras gracias a la ayuda recibida del gobierno ¡esos prestamistas se negaron a ayudar a aquellos cuyas hipotecas estaban en mora con sus instituciones!

Cuando alguien criado en la pobreza asciende, eventualmente afrontará la prueba de cómo manejar una situación de poder. Esta puede ser la mayor prueba para el carácter de cualquier persona. La vimos representada en la escena nacional cuando en cuestión de días los suplicantes banqueros se convirtieron en banqueros beligerantes. Millones de personas que siempre habían vivido en sus casas y pagado oportunamente sus cuentas fueron lanzadas a la calle, debiendo alojarse en refugios para gente sin hogar, con sus hijos a cuestas. Pero los banqueros les dieron la espalda y viajaron a su próxima reunión de junta directiva en sus aviones privados sin intentar siquiera prestar ayuda a tantas madres solteras y tantos padres obreros que solamente pedían ser perdonados como los propios banqueros habían sido perdonados, ser ayudados como a ellos les habían ayudado. Pero los bancos no pasaron la prueba. Y, sin duda, muchos de nosotros tampoco la pasaríamos. La prueba de estar en una posición de control, en la cima, ¡en el poder!

Porque no es solamente una prueba de la forma en que haces negocios, por supuesto. Cuanto más íntima la relación, más personal lo que está en juego. Pedro advierte a los esposos a quienes él y el apóstol Pablo han acusado de mandar en sus esposas y hogares, que eviten llevar ese poder tan lejos que pierdan el sentido de la compasión "sin tener en cuenta" la vulnerabilidad de sus esposas. Él escribe: "De igual manera, vosotros maridos, en la vida común sed más comprensivos con las mujeres, que son más frágiles, tributándoles honor como coherederas que son también de la gracia de Vida, para que vuestras oraciones no encuentren obstáculo" (1 Pedro 3:7, NIV).

Eso de que "vuestras oraciones no encuentren obstáculo" suena ominoso, casi amenazante. Parece que a Dios sí le importa cómo manejas el poder que recibes o te es otorgado. En cuanto a que estés de acuerdo o no con la afirmación de Pedro respecto al compañero más frágil, debes pensar que por lo menos en esos tiempos básicamente la mujer estaba reducida al equivalente de las propiedades en un matrimonio. Y eso ocurría no solamente en su antigua y oscurantista cultura, porque en nuestro propio país y en todo el mundo, las mujeres no tenían derechos de ninguna clase, no podían votar, ni tener propiedades ni dirigir empresas. En muchas culturas las mujeres eran y todavía son vendidas como esclavas a los hombres. Sin embargo Dios habla por los desfavorecidos y advierte que quien esté en el poder tiene la obligación de ser considerado en su forma de tratar a aquellos sobre quienes tiene poder.

Llámenme tonto, pero preferiría equivocarme del lado de la misericordia, que dejarme llevar por la arrogancia farisaica y no ofrecer el beneficio de la gracia que yo también he recibido. Sí, a veces he debido tomar decisiones impopulares y me he visto forzado a mantener la integridad de nuestra iglesia o nuestra compañía sancionando o despidiendo a un empleado. Pero para mí esas decisiones son muy angustiosas, porque sé que Dios me está observando, y como dijo Jesús en el sermón de las Bienaventuranzas: "¡Bienaventurados los misericordiosos porque ellos alcanzarán la misericordia!".

Sacude tu mundo

Tal vez el más poderoso ejemplo de perdón en la Biblia es también el más lujurioso (Juan 8). Si este incidente hubiera sido filmado, la clasificación del video habría ido mucho más allá de lo que un cristiano aprobaría, y sin embargo esta es una situación descrita por el propio Jesús. Es la historia de una mujer arrancada de las sudadas sábanas del lecho de su ilícito amante. Cada vez que leo esta historia la imagino aún jadeante, despeinada y con el pulso acelerado, su cuerpo cálido y sensual recién arrebatado a las caricias de su amante por las manos de una furiosa turba religiosa.

Arrastrándola por las calles adoquinadas de Jerusalén sin permitirle darse un baño ni vestirse, la gente asqueada y cegada por su enojo, con farisaica indignación exige que se haga algo para restablecer la dignidad de sus santos dominios de poder eclesiástico. Con las rodillas magulladas por tanta rudeza y los ojos muy abiertos por el miedo, la adúltera es traída desnuda y humillada hasta la plaza pública, para ser apedreada por su grave falta.

Resulta interesante, por decir lo menos, que hayan dejado al hombre acurrucado en su tibio lecho, libre del ridículo al que han sometido a la mujer ¿no? Una de las tragedias de los hombres en el poder es que tienen misericordia para con uno y matan a otro cuando cierran tratos y venden perdones al precio correcto. ¿Acaso puede haber justicia si la justicia no es ciega? Ninguno se preguntó esto cuando insultaban a la mujer sorprendida en adulterio y pedían a gritos que se derramara su sangre. Nadie tuvo misericordia con esa mujer indefensa aunque todos los presentes veían su debilidad. Tampoco pensaron en la misericordia que ellos mismos habían recibido, una misericordia divina que ahora rehusaban darle a esta mujer que la necesitaba desesperadamente.

Las personas pueden tener mucho poder sobre nosotros si conocen nuestras debilidades. Pero el problema no es el poder. La pregunta, como recordarás, es ¿qué harías tú con ese poder? Jesús lo trajo a colación y lo hizo real cuando dijo a la enfurecida turba religiosa: "Aquel de vosotros que esté sin pecado, que le arroje la primera piedra". Uno tras otro, todos se fueron dispersando hasta que no quedó ninguno de los acusadores. Ella era claramente culpable y según las Escrituras inexcusable, y sin embargo Jesús le dijo que como ya no quedaba quien la condenara, tampoco él la condenaría. Le dijo que se marchara y no pecara más, sin esperar que fuera perfecta de ahí en adelante sino que tuviera siempre presente la gracia que había recibido. En otras palabras, nosotros debemos aprender de nuestros errores, ¡no volver a meternos en la cama con ellos!

Sé que Dios vigila a los que tenemos influencia y autoridad para controlar la forma en que ofrecemos la misericordia y bondad de las cuales también disfrutamos. La Biblia dice que ¡con la vara que midas serás medido! Es decir, que tus acciones serán pesadas en la misma balanza que uses para pesar las de los demás. Recuerda la fuerte advertencia de Pedro al esposo cuando le dijo que Dios impediría que sus plegarias fueran respondidas si abusaba de su autoridad y rehusaba honrar a su esposa. En otras palabras, que el hecho de que sus plegarias no fueran respondidas sería una señal de su juicio sobre nosotros cuando nuestro propio juicio no concuerde con la forma en que tratamos a los demás.

He visto fieles que llevan una vida correcta y contribuyen a la obra de Dios, que sin embargo parecen incapaces de vivir en el abundante flujo de lo que ellos deberían tener de Dios. A menudo esas personas se sienten perplejas cuando sus plegarias no parecen ser respondidas. Y si sufren una decepción, muchas veces cuestionan la capacidad de Dios e incluso su existencia. Pero no se fijan si ellos aplican misericordia y piedad en sus propios asuntos. Bien podría ser posible que con esa cínica actitud, ellos mismos hayan bloqueado sus bendiciones.

Te reto a hacer borrón y cuenta nueva y a alinearte para que todas las bendiciones destinadas a ti no sean obstaculizadas ni bloqueadas por la forma en que perdonas a los que te ofenden. Sería triste que te perdieras de las incontables bendiciones prometidas y de recibir lo que necesitas, por causa de una ofensa no resuelta, por la cual todavía guardas rencor.

No hay segundas oportunidades

Si sistemáticamente experimentas la misericordia de Dios todos los días, sabes que no hay segundas oportunidades: hay *infinitas* oportunidades. Aunque debemos actuar como los hijos e hijas perdonados que somos, Su misericordia se renueva cada mañana. Y cuando actuamos en consecuencia, nuestra misericordia para con los demás es igualmente fresca.

A veces nos sentimos atribulados o experimentamos una dura prueba que nos recuerda lo que es tener una segunda oportunidad. Tengo un amigo muy querido que hizo negocios con alguien, sin saber que esa persona era buscada por el FBI por prácticas comerciales inescrupulosas. Pronto, mi amigo también fue acusado y se vio envuelto en una prolongada y costosa batalla legal.

Eventualmente, cuando llegó el momento de ser juzgado, mi amigo estaba tan nervioso como gato en perrera municipal. Aunque era claro que lo habían embaucado dejándolo en una posición que comprometía su integridad, de todos modos mi amigo estaba expuesto a una sentencia de diez años de cárcel, y no podíamos estar seguros de que lo reivindicarían. No había duda de que había sostenido una alianza con las partes de ese terrible trato de negocios, pero él la había firmado sin saber que los recursos de su nuevo socio eran producto de ganancias ilegales.

Su abogado fue elocuente, pero mi amigo solicitó testificar y llorando se acogió a la misericordia del tribunal. Después de una cuidadosa deliberación, el juez lo exoneró con una fuerte advertencia. ¡Jamás olvidaré el jubiloso alivio de su voz cuando llamó para anunciarme que su caso había sido desestimado! Usualmente reservado y solemne, parecía una chica de secundaria que va al baile de graduación, contándome a borbotones que el juez le había dado una segunda oportunidad. Apenas lograba entender lo que me decía, cuando exclamó: "¡Retiraron los cargos y me exoneraron!". Era tal su júbilo por haber sido perdonado que parecía haberse ganado el premio gordo de su vida en Las Vegas.

Muchos no valoramos nuestra libertad hasta que algún incidente la pone en peligro, y recibir una segunda oportunidad nos produce una felicidad casi inexpresable, sentimiento esencial para reconocer que nuestra culpa es perdonada libremente, no porque no seamos culpables, sino porque Dios es misericordioso. Sobre muchos de nosotros habría debido caer todo el peso de la ley pero, igual que a mi amigo, se nos ha dado el precioso don de la misericordia.

Si te han perdonado eres más rico que la persona más rica del mundo. ¡Qué magnífica bendición saber que eres libre! Mi amigo ya no volvería a temer que lo estuvieran siguiendo, ni a temblar cada vez que timbrara el teléfono. No más ansiedad si alguien llamaba a su puerta. Hay una euforia emocional que proviene de saber que se nos ha quitado de encima el peso de nuestras transgresiones, el júbilo de saber que se nos ha perdonado. Y yo espero que tú disfrutes de ese júbilo y te nutras de él, apoyado en la gracia de nuestro Dios que podría juzgarnos con todo el derecho, pero continuamente opta por ofrecernos su misericordia.

Si nos han perdonado ya no hay necesidad de caminar sintiéndonos culpables. Optemos por caminar con el conocimiento que evita las necias repeticiones de un mismo error cometido una y otra vez. Solo hay otra cosa que Dios espera de quienes hemos sido perdonados y es que, en forma similar, extendamos esa gracia a nuestra manera de tratar a los demás.

Once

Ama a tu prójimo como a ti mismo

Un socio de negocios que con el tiempo se volvió buen amigo mío, compartió conmigo una lección crucial que recibió en una forma que jamás olvidará. Prometedor empresario del mundo del mercadeo en los medios sociales, este señor dedicó todo su empeño a poner en marcha su compañía; con días de dieciocho horas, tiempo extra los fines de semana, y permanente trabajo en las redes para dar a conocer lo que la compañía podía proveer. En un año su negocio se convirtió en un líder del sector, y para atender las necesidades de su creciente clientela, contrató otros doce empleados. Pronto se mudaron a un hermoso edificio de oficinas en uno de los vecindarios más exclusivos cerca al centro de su ciudad.

El segundo año hubo muchos retos, la mayoría de ellos superables, que fácilmente fueron resueltos. Sin embargo, cuando la compañía entró en su tercer año, empezó un período de estancamiento y mi amigo no entendía por qué el crecimiento de su firma parecía haberse detenido; proyectos y clientes seguían estables, pero los nuevos no estaban llegando al ritmo acostumbrado. De modo que hizo todo lo que él sabía hacer y reestructuró la compañía convirtiéndola en un ejemplo de administración organizacional más eficiente, pero seis meses más tarde seguía sin crecer y el estancamiento empezaba a derivar en disminución.

Alarmado, mi amigo habló con otros expertos de la industria del entretenimiento y los medios, y varios de sus contactos le recomendaron una misma consultora independiente, para que evaluara el problema y le ofreciera posibles soluciones. Una vez contactada la consultora, nuestro empresario empezó a preguntarse qué podría decirle de su propia compañía una extraña, cuyos servicios no eran precisamente baratos, a él que la había hecho crecer desde sus inicios cuando apenas era la chispa de una idea hasta convertirse en una reconocida empresa de cincuenta empleados, con más de doscientos clientes.

La consultora pasó una semana entrevistando a distintos empleados y unos cuantos clientes. La segunda semana, siguió a mi amigo y tomó muchas notas de cada reunión o función corporativa en las cuales se requería la presencia de él como Director Ejecutivo. Finalizadas las dos semanas, la consultora se reunió con su cliente y le dijo: "Su problema es simple, pero si desea reavivar el crecimiento de su compañía, tendrá que darle mucho más de lo que le ha dado".

Después mi amigo me contó que esa observación le había producido alivio y preocupación al mismo tiempo. "Por favor", le dijo a la asesora que sonaba muy segura de sí misma, "dígame qué debo hacer". Ella lo miró directamente a los ojos, sonrió y dijo: "Señor, con todo respeto, aquí el problema es *usted*. Usted está atravesado en el camino de su propio éxito. Si no se quita de en medio, su compañía jamás crecerá".

Atónito y un poco a la defensiva, mi amigo mantuvo la calma y le pidió que se explicara. Ella le hizo ver que sus propias fortalezas en cuanto a innovación, trabajo en redes y liderazgo social, habían llevado al éxito a su firma, pero ahora que la compañía había alcanzado cierto tamaño, como fundador y director ejecutivo él pasaba tantas horas en reuniones y asuntos administrativos y gerenciales que ¡no le quedaba tiempo para dedicarse a hacer lo que en primera instancia había vuelto exitosa a la compañía!

Mi amigo vio que ella tenía razón y, fiel a su recomendación, sin dudarlo un segundo, contrató un excelente administrador de empresas titulado para el cargo de director ejecutivo de la compañía, mientras él se convertía en su director creativo y volvía a lo que mejor sabía hacer. Tres meses después de ese nuevo arreglo, el negocio de mi amigo se había disparado y hasta ahora no ha dado señales de volver a estancarse. Él había sido su propio obstáculo y solo se dio cuenta de eso cuando alguien ajeno al problema se lo hizo ver.

Ama a tu prójimo

Como descubrió mi amigo, a menudo nosotros mismos bloqueamos el camino de nuestro propio éxito personal y profesional, y no precisamente por ocuparnos de tareas administrativas que coarten nuestra creatividad, sino porque a muchos nos consume el desprecio por nosotros mismos que no nos permite aprovechar nuestros dones para lo que fueron diseñados por Dios. Y todo, por no perdonarnos. Repetidamente nos negamos el perdón siendo quienes más lo necesitamos y todos los días pedimos a gritos piedad y misericordia. Algunos no solo ignoramos nuestro propio pedido de compasión y comprensión, sino que nos consideramos indignos de esa bondad y consideración.

Sí, en lo concerniente al perdón, a veces nosotros mismos somos nuestro peor enemigo. Puede ser que estemos dispuestos a perdonar a otras personas aunque hayan cometido las ofensas más terribles contra nosotros, pero seguimos cargando toneladas de resentimiento, enojo, frustración e incluso odio contra nosotros mismos. Algunas personas me dicen que se culpan y avergüenzan de no ser capaces de perdonarse, todo lo cual viene a complicar aun más nuestro drama interno al atraparnos como un torno letal que, operado por nuestra propia mano, nos oprime cada vez más.

Ese es un cepo que no solamente nos debilita, sino que va en contra de la Palabra de Dios que nos manda relacionarnos con los demás tan bien como con nosotros mismos. En el Antiguo y en el Nuevo Testamento la Biblia nos dice que la regla fundamental de Dios para interactuar unos con otros, se puede resumir en "Amarás a tu prójimo como a ti mismo" (Levítico 19:18 KJV). De hecho, de los cientos y cientos de normas judías para el buen comportamiento y conducta piadosa, Jesús dijo que básicamente todas descansan en dos: amar a Dios con todo nuestro corazón, alma, mente y fuerza, y a nuestro prójimo como a nosotros mismos (Marcos 12:30–31, Mateo 22:37–39).

Con respecto a esta Regla de Oro, el supuesto general es que como nos amamos a nosotros mismos y sabemos cómo queremos que nos traten, deberíamos amar y tratar a los demás en igual forma. Sin embargo, muchas personas no parecen sentir ese elemental y saludable amor por sí mismas, y su carencia les hace casi imposible amar a los demás. Si no pueden amarse ellas mismas, ¿cómo amarán incondicionalmente a otras personas? Resulta difícil, casi imposible, enseñarles a otros lo que no hemos experimentado directamente.

Esta dinámica explica por qué a tantas personas se les dificulta perdonar y ser misericordiosas con otras; lo que pasa es que no son capaces de recibir la misericordia que Dios les da y se aferran a la norma de perfección de la cual se sienten responsables. Si nuestro prójimo sufre por nuestra negativa a perdonarlo generada en nuestro desprecio por nosotros mismos, nos castigamos doblemente, a nosotros y a nuestro prójimo. Las Escrituras dejan muy claro que se nos manda amar a los demás como Dios nos ama a nosotros, y esta exhortación incluye amarnos a nosotros mismos —por difícil que pueda ser—.

Incendio en casa

Aunque otras personas parecen castigarse en lugar de perdonarse a sí mismas, a mí jamás me ha costado trabajo perdonarme a mí mismo. Buena parte de mi disposición en ese aspecto, proviene de haber sido criado en un hogar amoroso, donde siempre estuve seguro de ser amado incondicionalmente. El amor que conocí y experimenté no dependía del desempeño, y cuanto más gente conozco y más historias escucho de su disfuncional crianza, infancia y adolescencia, más afortunado me siento de haber gozado del inapreciable valor de ese bien que tan escaso parece ser. Jamás fui un chico perfecto, pero aprendí que por mucho que costaran mis errores, su precio nunca afectaría mi incalculable valor.

Una de mis experiencias de niño ilustra muy gráficamente ese sentido de amor y aceptación. En mi niñez, mi padre estuvo enfermo y necesitaba diálisis varias veces por semana. Mi madre trabajaba para ayudar a sostener la familia, así que el cuidado de mi padre y muchas tareas domésticas como la preparación de nuestras comidas, a menudo recaían sobre mí. Nunca olvidaré la vez que casi incendio la casa porque salí de ese episodio con un mensaje mucho más incendiario grabado a fuego en mi mente.

Preparando una comida para mi papá y para mí, en el fogón delantero de la estufa puse un gran sartén de hierro con un poco de aceite, para freír las papas. Seguramente abrí demasiado el quemador, me distraje pelando y cortando las papas, y el aceite empezó a arder. Cuando giré y vi lo que me pareció un incendio tipo cuatro ahí en nuestra cocina, eché mano de un limpión para agarrar el sartén y meterlo en el lavaplatos o tal vez alejarlo de la fuente de calor que alimentaba el incendio. Como sabes, el fuego tiene un efecto dinámico que no tuve en cuenta, y es que si uno se mueve hacia adelante llevando algo que está ardiendo, el aire que se desplaza empuja la llama hacia la fuente del movimiento ¡¡que en este caso era YO!!

Mientras trataba de levantar el pesado sartén que ardía como la película Infierno en la Torre, la llama me alcanzó, me quemó la mano y casi me quema la camisa. Entre el dolor de la quemadura y el miedo a perecer en esa catástrofe culinaria, dejé caer la sartén al piso. La mano me ardía y empezó a hincharse, pero también me di cuenta de que aparte de casi incendiar la casa, todo lo había hecho mal.

Habría sido bueno que el sartén hubiera caído en un tapete viejo o sobre baldosas o cualquier otra cosa que no fuera inflamable. Sin embargo, estábamos estrenando alfombra de cocina y comedor, una mejora interna que había costado a mis padres mucho ahorro, sacrificio y trabajo de selección. Te imaginarás que la achicharrada medialuna producida por el enorme sartén de hierro no formaba parte del diseño original de nuestra alfombra nueva.

Mi padre se puso furioso, como cualquier padre, por lo que consideró mi descuido e incapacidad para sortear el problema. Y la verdad es que había podido aplicar muchos otros métodos más apropiados y eficientes para extinguir el incendio de nuestra cocina. Habría podido echarle bicarbonato de soda para cocina, tapar el sartén antes de moverlo, o sofocar el fuego con una cobija o con el extinguidor portátil que estaba colgado en la pared de la cocina.

Dada la reacción de mi padre ante el accidente, podrás imaginar que ese día no esperé con mucho entusiasmo la llegada de mi mamá del trabajo. Pero me llevé una agradable sorpresa cuando ella minimizó el asunto diciendo que era uno de esos accidentes que pasan y se concentró en asegurarse de que yo estuviera bien y la lesión de mi mano fuera algo leve que no requiriera atención médica. Verás, a ella no la hacía feliz que su nuevo tapete se hubiera achicharrado donde yo había dejado caer el sartén. Pero sí estaba agradecida porque el tapete no había ardido y la casa no se había incendiado, y más agradecida aún porque yo no había sufrido quemaduras graves.

Ella y mi padre hasta discutieron por la situación, pero mi madre dejó muy claro que en términos generales, todo lo ocurrido era motivo más de agradecimiento que de resentimiento. Y también dejó claro que había sido un accidente ocasionado por un error que yo había cometido, pero yo no era el error.

He aprendido que todos cometemos errores en la vida. La gente buena a veces hace cosas malas, peores que quemar el tapete de la cocina. Como un aborto, como reñir con un compañero de trabajo y perder el empleo, como jugarse los ahorros de toda su vida o retroceder el auto encima de su bebé. La realidad es la misma, intencionalmente o no, sea homicidio sin premeditación o asesinato, de todos modos la otra persona está muerta.

Debemos aprender a seguir adelante sin sentirnos obligados a arrastrar nuestros errores del pasado. Y debemos re-identificarnos con lo que somos en el fondo de nuestro ser, con lo que Dios quiso que fuéramos al crearnos, no con lo que somos en nuestros peores momentos. Son muchas las personas que no están dispuestas a permitir que sus buenos momentos, las veces que aman caritativa y generosamente a quienes las rodean, sean los que las definan, y se concentran únicamente en sus debilidades y faltas, sus defectos y sus fracasos. Por muchos errores que hayamos cometido, siempre tenemos más días por delante para ser quienes verdaderamente somos.

"Piedras y palos" podrán rompernos los huesos, pero las palabras que nosotros nos digamos, o cualquiera nos diga, no nos deben lastimar. Así que "a palabras necias, oídos sordos", pues la verdad del asunto es que de todas maneras Dios nos acepta y nos ama. Somos sus Bienamados y nada de lo que hagamos cambiará lo que siente por nosotros. En cambio, nosotros sí que podemos hacer algo sobre lo que sentimos por nosotros mismos y las formas en que solemos identificarnos.

Mejor que lo peor

Me he dado cuenta de lo afortunado que soy porque no me cuesta ningún trabajo perdonarme (¡hay quienes dicen que quizás debería costarme un poco más!), pues sé de personas que viven el angustioso tormento de despreciarse a sí mismas y mantener sus errores siempre presentes. Para nosotros sería maravilloso creer que, por ser cristianos, no sufrimos ese problema tanto como otras personas. Pero no es así, y me duele mucho que en nuestras propias iglesias a menudo les disparamos a nuestros heridos y en vez de ayudarlos, solamente reforzamos su falsa y negativa opinión de ellos mismos.

En muchos ministerios distintos he visto ese tipo de situación, y siempre había tratado de mostrar tanta misericordia a todos aquellos que estén luchando con sus problemas de inmoralidad y su negativa a perdonarse a sí mismos tanto como me era posible, en mi iglesia y fuera de ella. Pero una situación reciente me ha hecho re-considerar la forma en que las iglesias usualmente responden a sus líderes que fracasan.

Uno de los pastores de mi ministerio ha luchado contra sus faltas morales buena parte de su vida adulta. Tiene una esposa linda, hijos maravillosos y claramente ha sido ungido para ejercer un influyente ministerio sobre quienes lo rodean. Sin embargo, persiste en actuar en formas que en última instancia él mismo no quiere. Su modelo de conducta es permitirse algo que sabe incorrecto y claramente vulnera su compromiso con su matrimonio y su ministerio, sin mencionar su propia integridad, hasta que llega a un punto en el que él mismo confiesa o es descubierto en una situación comprometedora.

Entre lágrimas y conversaciones muy sinceras, siempre se arrepentía y se esforzaba por mostrarse como el hombre que todos conocemos, amamos y valoramos. Su esposa lo perdonaba, los demás ministros de nuestra iglesia y yo mismo lo perdonábamos, y nuestro compañero pastor respondía positivamente a nuestra fe en él. Pero antes de un año, volvía a las andadas y pecados secretos, y todo el proceso se repetía una vez más. Después de varios ciclos iguales, me convencí de que debíamos probar algo diferente. Teníamos que llegar a la raíz del problema en una forma que alterara radicalmente el círculo vicioso en el cual este buen hombre se mantenía a sí mismo.

Sin entrar en detalles, el cambio que pusimos a prueba con nuestro amigo fue sostener lo que me gusta llamar una "intervención de re-afirmación". En una época de buen comportamiento suyo, en que no estaba actuando a espaldas nuestras, organicé una reunión especial. Con su familia y amigos cercanos, y otros pastores con quienes era bastante unido, nos reunimos para rodearlo y decirle por qué lo amábamos tanto. Decirle que no era por lo que él hubiera hecho por ninguno de nosotros —lo que de por sí ya habría sido una causa— sino por su personalidad, su estilo, su originalidad, sus dones para la creatividad y el ministerio, su naturaleza amorosa, su fuerza y su compasión. Nadie tuvo que exagerar ni decir nada que no fuera cierto, pero ninguno mencionó sus indiscreciones pasadas, faltas a la moral o debilidad de carácter. Nos concentramos todos en recordarle a este hombre quién es él realmente y por qué es tan fácil amarlo.

Al principio se le vio desconcertado y tan agitado como un animal salvaje en su jaula, pero apenas se dio cuenta de que realmente estábamos allí solo para elogiarlo y recordarle la verdad sobre sí mismo, su porte cambió drásticamente. La mirada defensiva y el cuerpo engarrotado se relajaron de inmediato y mientras nos turnábamos para describir su cualidad favorita de cada uno de nosotros, bajó la cabeza y las lágrimas de su fe brotaron como un torrente. Por más de una hora, estuvo allí sentado, llorando, mientras escuchaba esa dosis nuclear de re-afirmación.

Más adelante, cuando ambos nos reunimos para analizar su reacción a nuestra reunión especial, este pastor me contó cosas de sí mismo que jamás me había dicho antes, terribles maltratos que había sufrido en su niñez a manos de sus padres, mensajes malintencionados que en esa época había tomado por ciertos y errores de adolescencia que en su mente le habían comprobado lo terrible que él era. Estaba claro que tantas heridas habían creado un hueco enorme en el alma de este hombre, una lesión espiritual y emocional acumulada que él intentaba entumecer y anestesiar con ese comportamiento inmoral que simultáneamente reforzaba su propia visión negativa de sí mismo.

Su necesidad de re-afirmación y validación, de que se le recordara quién es él realmente, había creado un profundo vacío en su corazón. Aunque no hay excusa para sus faltas y él sigue siendo responsable de las consecuencias de sus decisiones y acciones, reconoció que lo que estaba pasando era más que una simple batalla contra la lujuria. Y fue solo después de que empezó a articular el dolor que había cargado durante tanto tiempo y a hacer su duelo por el maltrato sufrido, que logró empezar a liberarse de la intensidad de sus adictivos deseos. Finalmente pudo recibir como nunca antes el sanador toque de Dios en su vida. Sabía que era una nueva criatura en Cristo, tal como se nos dice en la Biblia (2 Corintios 5:17) pero solo empezó a vivir su nueva identidad cuando pudo hacer las paces con la antigua.

Lo mismo es cierto para ti. Tú eres mejor que lo peor que hayas hecho jamás. Tú no eres el que fuiste una vez ni el que serás mañana. Tu vida es una obra de arte en curso del Creador de la Obra Maestra que es el Universo. Dios sabía lo que estaba haciendo cuando te creó y dio las primeras pinceladas de tu vida. Y como ese es un trabajo en equipo, porque nos ama lo suficiente para darnos libertad de elegir cómo queremos que luzca nuestro cuadro, Él nos permite que escojamos colores e imágenes que no habría elegido para nosotros y permite que formen parte de su diseño divino en una forma tan increíble, que jamás habríamos podido imaginar —y mucho menos crear— si nos hubiera dejado hacerlo a nuestra manera.

Verás, Dios conoce cada uno de tus secretos: el dinero robado, las eróticas sesiones de charla en línea, la oculta provisión de analgésicos recetados, el embarazo no deseado, el lío de faldas ilícito, el chisme ponzoñoso. Y etcétera, etcétera, realmente los conoce todos ¡y de todas maneras te ama! Si sabiendo que cometerías todos esos errores y tomarías esos malos caminos e irías a sitios donde Él nunca habría querido que fueras, todavía te bendice y te ama, entonces debes dejar de juzgarte a ti mismo y de sentenciarte a vivir una identidad falsa.

Si supieras cuán a menudo las personas que me confiesan sus errores se asombran de que yo no salga corriendo cuando escucho la sucia, pervertida, terrible, inimaginable, incalificable y pecaminosa acción que los acosa. Y se asombran aún más cuando escuchan que es ¡algo que yo mismo también hice alguna vez! O por lo menos cuando se enteran de que ellos no son los únicos, y que todo lo que han usado para condenarse ellos mismos por no considerarse dignos de ser amados ni perdonados, es simplemente parte de ser humanos.

Una vez más, volvamos a la esencia de la misericordia de Dios y su inmerecida benevolencia. Todos somos imperfectos y cometemos errores y nos desviamos del camino recto, pero corregirnos a nosotros mismos y nuestro trabajo no es alinear perfectamente cada aspecto de nuestra vida para una inspección divina. No, simplemente tenemos que recibir el amor que Dios nos da ¡tal como un niño recibe el recreo! ¿Has visto a los chiquillos saltando como cachorritos cuando están a punto de salir de su salón de clases a la libertad de las barras de juego y columpios?

Los niños no se quedan en el salón enfurruñados diciendo:

"Hoy no puedo salir a jugar, no lo merezco. Solo soy un chico insufrible y debo quedarme en el rincón mientras los demás se divierten en el patio de juegos". Ellos corren a disfrutar el calor del sol, riendo y jugando con un jubiloso abandono al que no afecta el hecho de que hayan obtenido, o no, una estrella dorada en su tarea.

De adentro hacia afuera

Entonces ¿cómo empezar el proceso de perdonarnos a nosotros mismos, especialmente después de haberlo intentado y fracasado una y otra vez? Me gusta que lo preguntes, porque vislumbré la forma en que opera el proceso de sanación recientemente, mientras leía uno de mis blogs favoritos. Mi hija Sarah es una talentosa escritora y artista, que frecuentemente comparte sus conocimientos de la vida, la fe y asuntos de mujeres en su blog. Hace poco, ella publicó una nota acerca de una investigación médica que realizó sobre la piel humana y la forma en que se cura de las heridas, laceraciones y quemaduras. Por lo general nos parece que costras y cicatrices son prueba de curación de un trauma sufrido en la epidermis, pero lo que Sarah descubrió es que la curación empieza de adentro hacia afuera.

Tan pronto se rompe la piel, nuestro sistema inmunológico natural libera en el torrente sanguíneo glóbulos blancos adicionales para proveer más oxígeno al sitio de la herida y también al resto de nuestro organismo. El flujo de sangre también se incrementa radicalmente en el lugar de la lesión a fin de dejar afuera gérmenes, desechos peligrosos y toda materia extraña que pudiera ingresar a través de la herida abierta e infectar el resto del organismo. Por eso, cuando te cortas, te parece que no vas a acabar de sangrar; pero es solo tu organismo haciendo su trabajo.

Luego la sangre se coagula alrededor de la entrada de la herida para sellarla y protegerla, formando una costra que después será reemplazada por una nueva capa de piel. Nuestro cuerpo dirige partículas de colágeno al sitio de la herida a fin de formar piel nueva que usualmente denominamos tejido cicatrizante, por lo general de color más claro y textura más delicada que la de la piel que la rodea.

Generalmente pensamos que la sanación se da gracias al tratamiento externo de la herida, con el cual se detiene el sangrado, se limpia la herida, se cubre con ungüento antibiótico y se venda con gasa u otro material apropiado. Sin embargo, lo que en realidad ocurre es que el proceso de sanación empieza en forma inmediata desde adentro, que es donde se debe originar para que la recuperación sea total. Algunas personas tratan de hacer ver por fuera que todo está bien, aunque por dentro se estén muriendo en secreto. Entonces usan el atuendo correcto y se aseguran de que cabello y maquillaje luzcan perfectos, pero sus ojos traicionan el dolor que hay en su interior y que llevan consigo a todas partes.

No hay maquillaje externo que pueda cambiar la esencia de las personas si ellas no están dispuestas a verse a sí mismas de una manera diferente, bajo la misma óptica que Dios las ve. La belleza externa nace de la armonía interna. Tal como nuestro cuerpo empieza su triaje de sanación gradualmente, drenando la herida y trayendo nutrientes adicionales a esa lesión, así debemos lavar el pecado que con tanta facilidad nos enreda y experimentar una extraordinaria compasión por nosotros mismos. Aunque no creas poder hacerlo, al menos debes tratar de permitir que Dios lo haga en forma sobrenatural. De hecho, tú no tienes que hacer nada, simplemente debes recibir y quitarte del medio de tu propio camino y del camino de Dios.

Estoy aquí para decirte que por imposible que te parezca que tú seas amado, que por más indigno o desesperanzado que puedas sentirte, Dios lo sabe todo de ti al derecho y al revés, y no solo le gusta lo que ve, sino que AMA eso que ve en ti. Tus secretos no son secretos para Dios y sus formas no son tus formas de hacer las cosas. Una vez que Dios te concede la gracia de un don o un llamado, no cambia de idea. Él sabía lo que ibas a hacer o dejar de hacer con ellos, mucho antes de que tú llegaras al lugar en que actualmente te encuentras. Somos creación de Dios, su atuendo de alabanza que lleva la etiqueta de diseñador divino y jamás podremos eliminar su presencia en quienes somos, sin importar lo que hayamos hecho.

Para facilitar el proceso de sanación, debes cambiar lo que piensas de ti, retirar y eliminar las cintas viejas para que la música nueva pueda entrar a tu alma. Pero muchas personas necesitan de su comunidad y una red de apoyo para dar el salto de cambiar lo que piensan de sí mismas y la forma en que se comportan.

Puede ser con terapia o en un grupo de recuperación o quizás un voluntariado en un refugio o entidad que sirva a aquellos que estén luchando contra el mismo mensaje que una vez aceptaste como tu identidad. Si abortaste tu bebé cuando eras más joven, entonces tal vez puedas compartir tu historia con jóvenes mujeres que estén luchando contra la misma tentación. Si has guardado un terrible secreto de familia, entonces es hora de que le cuentes a alguien que sea digno de confianza y respetuoso, la carga que necesitas compartir. Cuando cambias tu pensamiento y tus creencias, resulta más fácil desarrollar nuevos modelos que fomenten una identidad saludable que reflejará tu verdadera valía como precioso hijo o hija del Rey de la Creación.

Si estás de acuerdo conmigo en que Dios no comete errores, entonces debes reconocer que haberte hecho —por muchos errores que tú hayas cometido— no es un error de Su parte. Como me dijo mi madre cuando quemé el tapete de la cocina con el sartén caliente, cometiste un error pero tú no eres el error. Dios te conocía desde antes de la creación del mundo y te ama con la misma ternura que una madre a su hijo recién nacido. No puedes impresionarlo ni evitar que siga amándote y perdonándote. Es tiempo de que te permitas recibir la plenitud de su gracia y seguir adelante con tu vida. Es tiempo de que dejes de bloquear tu propio camino y te permitas crecer más allá de lo que tú mismo habrías imaginado jamás. Es tiempo de amar —y perdonar— a tu prójimo como a ti mismo.

Doce

Desarraigos

He tenido el privilegio de viajar por todo el mundo y conocer algunos de los más asombrosos jardines de distintas culturas. Jamás olvidaré mi primer encuentro con la belleza natural del variado paisaje de Sudáfrica. Muy cerca de Ciudad del Cabo, en medio del panorama dominado por Table Mountain, el Jardín Botánico Nacional Kirstenbosch alberga más de siete mil especies de la flora africana nativa. Magníficas bandadas de aves del paraíso florecen junto a plantas jade, rojas orquídeas silvestres decoran los bordes de diminutas sabanas y brillantes iris azules rivalizan con el cielo cerúleo con la intensidad de su color. Creado en 1913, es el primer jardín botánico del mundo establecido para albergar todas las plantas, flores, árboles y arbustos nativos de su propia cultura.

En Australia me maravilló el Victoria State Rose Garden con más de cinco mil variedades de la flor favorita de mi madre. Allí encontré más colores de rosas de los que sabía que existían en la naturaleza y la más poética descripción de esos colores: luna lavanda, crema marfil, sangre escarlata, atardecer anaranjado y mi favorito, marrón aterciopelado. La icónica flor del amor estaba allí en cada fase de su ciclo de vida: tiernos brotes con verdes espinas diminutas como dientes de bebé, capullos decididos a no abrirse antes de tiempo, rosas recién florecidas como durmientes que apenas están abriendo los ojos, y otras completamente florecidas con la generosa belleza del ajado rostro de una persona mayor.

Todos esos, países ni remotamente parecidos a la minúscula huerta de nuestro patio trasero en Charleston, West Virginia, o el pequeño enrejado que sostenía los rosales custodiados por pensamientos morados y rosadas balsaminas alineadas como firmes soldaditos de plomo, igualmente magníficas y bien cuidadas. Recuerdo a mi abuela arrodillada hablándole a cada flor como si fuera hija de ella, con las manos cubiertas por la tierra de un tono marrón rojizo y su azada por ahí cerca para sacar cualquier maleza que osara empañar la belleza de su trabajo.

Mi madre y mi padre —y eventualmente mis hermanos y yo— erradicábamos con el mismo empeño cualquier brote o tallo de maleza que intentara aprovecharse del agua y nutrientes de nuestros preciosos tomates, calabazas, verduras y pepinos. A muy temprana edad aprendí que las malas yerbas no solo son feas sino también ladronas, porque roban los recursos y la atención invertida en los habitantes sí deseados del jardín. Tuve que llegar a la edad adulta para caer en cuenta de que la maleza que es la negativa a perdonar, es mucho más mala.

Herramientas de jardinería

Las Escrituras describen nuestra negativa a perdonar como una rencorosa y pertinaz maleza que echa raíces en el suelo de nuestra alma y nos roba los frutos del Espíritu que estamos destinados a producir. Moisés dijo a los Hijos de Israel: "No haya entre vosotros hombre o mujer, familia o tribu, cuyo corazón se aparte hoy de Yahveh vuestro Dios para ir a servir a los dioses de esas naciones. No haya entre vosotros raíz que eche veneno o ajenjo" (Deuteronomio 29:17, NIV). El autor de Hebreos escribe: "Poned cuidado en que nadie se vea privado de la gracia de Dios; en que ninguna raíz amarga retoñe ni os turbe" (Hebreos 12:15, NIV). En los tiempos bíblicos, la raíces se utilizaban mucho con fines medicinales y culinarios, pero en ambas descripciones queda claro que esas raíces no son un estorbo cualquiera sino que son mortalmente venenosas.

Hemos visto que nuestros viejos rencores, decepciones acumuladas y resentimientos secretos nos pueden crear una casi infranqueable barrera para el perdón, así como un enorme desangre de nuestra energía y productividad. Pero la lección que en mi niñez aprendí del jardín de mi familia, es que los mejores jardineros no toleran la maleza. Los granjeros no esperan a que todo su cultivo se vea comprometido o su cosecha amenazada para empezar a arrancar de sus campos las letales malezas. Ellos fumigan y se valen de diversas herramientas para el diario mantenimiento de sus preciadas cosechas.

Tal como ellos, nosotros debemos practicar un diario mantenimiento a nuestro corazón para que ningún comentario suelto o mirada silenciosa pueda incrustarse bajo nuestra delgada piel. Una sola maleza que se nos escape basta para arruinar todo el entorno saludable que queremos tener para las plantas que cultivamos en nuestro corazón. Unos celos secretos, un comentario descortés, la conversación que no tuvimos o una frase dicha por obligación, un aniversario olvidado o un cumpleaños pasado por alto, sean producto de desaires minúsculos o de ofensas de gran magnitud, las semillas de la maleza del rencor son las mismas. Todas quieren echar raíces en tu corazón y ahogarte con el acre veneno de sus mortíferos frutos: odio, egoísmo, venganza y violencia.

Sin embargo, se nos ha dado una variedad de herramientas de jardinería para ayudarnos en el proceso de nutrir nuestro suelo espiritual. La primera es simplemente una pequeña pala o desplantadora que usamos para destapar e identificar la ofensa que amenaza con asfixiar las tiernas raíces de nuestras plantas más delicadas: la confianza y la autoestima. No deja de asombrarme la gente que cree que autocontrol y negación son sinónimos o están siquiera remotamente relacionados; y son muchos los hombres agraviados y mujeres heridas que se esfuerzan por ignorar el impacto que les causó daño. Es como si alguien que estuvo en las Torres Gemelas ese 9/11 y sobrevivió, se riera de sus heridas y dijera: "Qué, ¿este rasguño? Un pequeño percance en el trabajo. Estaré bien".

Mientras seguimos viendo que tantos de nuestros militares, hombres y mujeres aceptan que sufren de estrés postraumático, doctores y terapeutas están aprendiendo que ese mismo rasgo que a menudo les sirve en el campo de batalla —la capacidad de hacer caso omiso de su propio dolor, trauma y terror y concentrarse en sus responsabilidades— se convierte en una debilitante barrera para su curación y restablecimiento cuando terminada la batalla vuelven a casa, a su familia. Muchas veces el primer paso en ese proceso es simplemente reconocer que los horrores que presenciaron, en efecto son infernalmente incomprensibles e inhumanos.

Hay que respetar que ellos presenciaron atrocidades y recibieron lesiones —en cuerpo, mente y alma— cuyo indescriptible impacto deben tratar de expresar. Hablar de lo sucedido suele abrir la puerta y permitir que la pena salga por allí. Con frecuencia es tanto el miedo a los recuerdos, al doloroso e incalculable peso de nuestra carga, que tratamos de encerrar la pena en nuestra alma con llave y candado, porque esa pena nos ahoga, aplasta y asfixia con su indescriptible inmensidad. Pero, de hecho, la misma pena puede ser como un antiséptico que limpie y purifique la contaminación que permea las profundidades de nuestro corazón.

Permitirnos hacer ese duelo puede ser igual que si aplicáramos un matamalezas para llegar a la raíz del problema. Muchas veces pensamos que hemos manejado nuestra reacción emocional inmediata en el momento de recibir una ofensa y no nos examinamos para descubrir las lesiones invisibles bajo la superficie. Arrancamos la maleza y, porque sacamos la mayor parte, creemos que la hemos exterminado siendo que de hecho la hemos dejado arraigada en la parte más vulnerable de nuestra psique.

Sería bueno que tomáramos nuestra reacción a una ofensa como una invitación para llegar a la raíz del problema, literalmente, y analizáramos por qué nos ha lastimado, herido o disgustado. ¿Sentimos que fuimos irrespetados? ¿Rechazados? ¿Subvalorados o insultados? Una persona puede sufrir una indigestión o un paro cardíaco y presentar síntomas similares; la diferencia está en saber cómo buscar tras los síntomas de nuestra herida para llegar al meollo del asunto.

Aferrarse al enojo no restaura lo que hayamos perdido ni nos compensa por la herida. Muchas personas creen que el enojo es lo único que les ha quedado. Piensan: "Bueno, mi hijo está muerto y se ha ido ¡gracias a un conductor borracho!" o "Mi esposo me ha dejado por otra" o "Ahora que acabo de cumplir sesenta y cinco, ¡he perdido la cuenta de mi pensión!". El enojo que cultivamos no reemplaza al amor perdido. La realidad es que el amor es más fuerte que la muerte. El amor no se acaba cuando se cierra un ataúd y ni siquiera cuando los matrimonios se disuelven. ¡Pero tuvimos la enorme bendición de haber conocido a alguien que merecía ser amado! Y muchas personas jamás han experimentado la riqueza de una relación en la que se da y se recibe amor. Si el enojo es lo único que nos ha quedado, entonces los ladrones de nuestra dicha ganan doblemente —porque se llevan nuestra paz actual, y también los hermosos recuerdos de alguien que nos amó, se preocupaba por nosotros y aprendió con nosotros—. Que una flor haya florecido y se marchite no significa que debamos plantar maleza por tener algo en reemplazo de la flor.

El banquillo de los acusados

La forma en que manejamos, reconocemos, nombramos y nos duelen nuestras ofensas es exactamente el tipo de matamalezas que necesitamos. Y sin embargo, hay una segunda clase de maleza persistente que a menudo echa raíces y puede ser más tozuda y mortífera que su prima botánica. Sorprendentemente, nosotros mismos cultivamos esa raíz amarga: es como si descubriéramos que hay maleza creciendo en el suelo de nuestra alma, y en vez de desenterrar sus raíces y arrancarla, la regáramos, alimentáramos y tratáramos como si fuera ¡un preciado rosal!

Casi parece que por no soportar el descubrimiento de tener una maleza tan fea y peligrosa dentro de nosotros mismos, rehusamos llamarla por su nombre, y en cambio nos esforzamos por cuidarla. Sin embargo, Shakespeare dijo que una rosa, aunque tenga otro nombre, siempre tendrá un perfume igualmente dulce, y la maleza, aunque tenga otro nombre ¡siempre será amarga! El problema, sencillamente, es que rehusamos perdonarnos a nosotros mismos.

También podemos considerar otra manera de describir el problema, para que ustedes puedan captarlo más fácilmente si no son aficionados a la jardinería o no tienen buena mano. Se me ocurre que casi todos hemos experimentado algún tipo de castigo físico en nuestra niñez. Sé que hoy día el tema del castigo físico es controvertido, pero en mi niñez, era la norma. Es más, parecía existir tal conspiración entre padres y maestros, que pensar en escapar a las consecuencias de nuestro mal comportamiento era tiempo perdido.

En retrospectiva, pienso que el Departamento de Seguridad Nacional se beneficiaría si contara en su equipo con unas cuantas madres del vecindario de mi niñez. Esas señoras tenían la extraña capacidad de estar en todas partes y saberlo todo, con un sistema de vigilancia que iba de su ultra sensitiva intuición a la conexión telefónica rotatoria por la cual las maestras llamaban a casa para divulgar información confidencial (o podríamos decir, ¡clas-I-fiscalizada!) mucho antes de que mi autobús llegara conmigo a bordo.

Si eras como yo, no habrías acabado de entrar cuando ya no tenías cuándo desarrollar la intrincada historia fabricada para explicar la fechoría o en último caso distraer a los padres con el recurso de discutirla. Ocasionalmente, mis padres me permitirían el lujo de escoger la rama con la que me castigarían. Estratagema de doble filo, porque si me quedaba corto, ellos escogían una rama tan asustadoramente grande que se necesitaba una motosierra para cortarla. A pesar del trauma psicológico de buscar una rama para tu propia azotaina, ¡era una manera muy efectiva de coronar el asunto!

Pero una vez aplicado con liberalidad el castigo al banquillo de los acusados, la tormenta pasaba bastante rápido. No se requerían muchos actos de contrición fuera de una sustancial sonada de nariz, algunas lágrimas con ocasionales jadeos para un poco de teatro y una cara de sincero arrepentimiento acorde con un adolorido trasero; pero nuestros padres jamás nos pedían que siguiéramos flagelándonos una y otra vez todos los días ni varias veces al día.

Por naturaleza, nuestro instinto de conservación funciona, y no es usual que disfrutemos autoflagelándonos. Lo cierto es que nosotros instintivamente buscamos redención, no castigo, y esto es válido en la mayoría, a excepción de aquellas personas que por violar sus propios valores primarios viven en un perpetuo estado de autoflagelación. Y ellas se castigan inconscientemente, no solo saboteando sus propias oportunidades, cultivando desórdenes alimenticios, sintiéndose indignas de ser amadas por los secretos que guardan y consecuentemente alejando a los demás, cortándose a sí mismas, emborrachando su dolor y sobremedicándose, sino con muchos más castigos auto-infligidos. ¿Pero por qué negarse a sí mismas la felicidad o el éxito?, te preguntarás.

Porque como no han retirado sus acusaciones en contra de sí mismas, no se permiten ser felices o positivas, y parece que secretamente recorrieran los bosques tratando de encontrar la rama con la cual se van a infligir su propio castigo. Y eso lo hacen aunque su víctima los haya perdonado, pues por haber violado sus propios valores primarios, ellas simplemente no pueden perdonarse a sí mismas.

Auto-afligidas

A menudo esas personas jamás pueden perdonarse a sí mismas. Algunas son buenísimas para perdonar a los demás: pueden perdonar tanto que los demás se aprovechan de su disfunción y las usan constantemente. He aconsejado a muchas personas que siempre atraen gente que no solo va a usarlas y abusar de ellas sino que justifica esas acciones insistiendo en que su víctima lo tiene bien merecido. Y como la persona maltratada está de acuerdo con esa evaluación y no se siente merecedora de una vida mejor ni del amor, permanece en ese entorno perjudicial. En algunos casos las personas como esas se han auto-condenado al rechazo de sí mismas y cualquiera que las utilice es simplemente un carcelero del cual no pueden ser liberadas porque ellas sienten que merecen ser castigadas y simplemente se han conseguido a otra persona para que las azote.

También hay quienes juzgan y critican todo lo que les rodea para ocultar la indignación que albergan contra sí mismas, y son las personas que llevan a todo el mundo al mismo infierno en el cual secretamente se encarcelan ellas mismas. Ya sabes, son la clase de personas que actúan como si fueran el centro del universo y deciden que si ellas no son felices, nadie más puede ser feliz. Habrás oído hablar de la violencia doméstica. En muchos casos los maridos que golpean a sus esposas (o esposas que golpean a sus maridos) vuelcan sobre su pareja el odio que experimentan contra sí mismos. Y dirán cosas cómo "¿Por qué me obligas a hacer esto? ¡Por tu culpa soy como soy!". Esos enfermos maltratadores quieren culpar a su pareja, pero en su fuero interno están hablándose a sí mismos.

Muchos de los maltratadores físicos, emocionales o sexuales caen dentro de esta categoría. Golpean a su pareja en un acto de violencia contra sí mismos. Algunos no golpean a la esposa ni maltratan a los hijos, sino que guardan lo peor de su enojo para sí mismos. ¿Por qué? Porque ellos mismos no se quieren. La Biblia dice que ames a tu prójimo como te amas a ti mismo, pero mientras se desprecien a sí mismos para ellos es imposible amar a su prójimo.

En el fondo simplemente son auto-maltratadores que permiten que otra persona reciba las palizas que desean darse a sí mismos, porque se sienten culpables y avergonzados de las acciones con las cuales traicionaron sus propios valores. Y como un perro que no puede dejar de perseguirse la cola, son incapaces de romper el ciclo de dolor que crearon para ellos o para otros. Si hubieran violado una regla ajena, cuestionarían la validez de esa regla, pero como la violación de sus propias reglas fue suya, se castigan a sí mismos por haber traicionado su propio código ético.

Valores fundamentales

Este tema de los valores fundamentales debe ser aclarado porque de hecho es el suelo en el que cultivamos muchas de las malezas y maravillas de nuestra existencia. Usualmente si me hablan de valores fundamentales, los considero valores morales, o en el caso de los cristianos, las bíblicas normas de las Escrituras según las cuales tratamos de vivir. Aunque nuestros valores fundamentales pueden haber sido adoptados total o parcialmente dentro de nuestro aprendizaje y exposición a valores morales en nuestra niñez, muchos hemos grabado en nuestra memoria una versión híbrida personal de valores, resultante de nuestra propia integración de las prioridades personales y las responsabilidades públicas. No es necesario ser una persona moral para tener algunos valores a los cuales atribuyas la medida de lo que harías y lo que no harías. Tus valores fundamentales podrían ser, por ejemplo, la honestidad o lealtad reservada para un grupo particular.

Muchas veces esos valores fundamentales propios son tácitos pero muy reales, para cada quien. Los hombres a menudo tienen lo que llaman el "código de los abuelos" y las mujeres pueden tener ciertas reglas para relacionarse en determinados entornos o para hacerse amigas, conversar o interactuar con el marido de otra. Adolescentes y adultos jóvenes tienen códigos tácitos para lo que esté en la onda y consideren aceptable, admirable y digno de emulación. Esas reglas pueden no estar escritas pero de todas maneras son reales. Otras personas pueden valorar la integridad en los negocios o la fidelidad hacia su pareja. Hay valores fundamentales orientados a la familia por los cuales se tiene en gran estima a los parientes y se les ofrece un lugar dónde quedarse o ayudarles con lo que puedan necesitar, ¡aunque se hayan vuelto mafiosos! De las personas que actúan así, no se podría decir que sean personas morales, pero de todos modos tienen un código ético, por retorcido que pueda parecerle a otros, según el cual viven su vida, y la viven comprometida con los miembros de su familia, y solo con ellos.

Hay un viejo dicho del honor entre ladrones: aunque ellos violan las leyes y cometen otros pecados, hay cosas que no hacen. He conocido prostitutas que venden su cuerpo pero no le dan un beso a la persona con quien salen en una cita. Sé que suena extraño, pero creo que esos valores les dan a esas personas una norma por la cual pueden decir que hay algo que jamás harían.

Por otra parte, siempre nos ayuda saber quiénes somos en lo profundo de nuestro ser, el terreno sólido bajo los muchos papeles que representamos, que puede sufrir erosión y cambios con las estaciones. Si no has identificado tus valores fundamentales, podrías pasarte la vida esperando que florezca la maleza mientras buscas una rama más larga para darte la azotaina tú mismo.

Respeto por sí mismo

Tus valores fundamentales son los que te dan un sentido de respeto por ti mismo, y tu capacidad de vivir de acuerdo con ellos a menudo tiene mucho que ver con la forma en que te ves a ti mismo. También se convierten en la norma por la cual conservarás o no a tus amigos. Ellos deben estar de acuerdo, o por lo menos respetar esos valores tuyos, pues en caso contrario corren el riesgo de ser excomulgados de tu círculo, toda vez que esos son los principios rectores por los cuales vives tu vida. Uno de los míos es la lealtad y otro es un fuerte compromiso de amor incondicional para con la familia.

Unos años atrás, hice una entrevista con una periodista que me preguntó: "¿De cuál de todos sus logros, viajes por el mundo y Premios Grammy recibidos, se siente más orgulloso? Lo pensé uno o dos segundos y respondí: "Yo cuidé a mi madre hasta que se murió". Pude ver que a ella la respuesta le pareció extraña ¡pero para mí la lealtad a alguien que te necesita es una cualidad muy importante! Posiblemente no te haga ganar un trofeo de bronce pero es una de mis medidas para evaluar el carácter y la integridad. Me di cuenta de que a mi entrevistadora la desconcertó mi respuesta, pero mis valores están basados en mis experiencias y, como la mayoría de las personas, doy a los demás lo que yo quiero recibir.

El comportamiento desleal me ofende profundamente. Para mí la violación de la lealtad a un amigo es tan espantosa que me molesta verla aunque no sea yo el amigo cuya confianza ha sido traicionada. Es más, mi propia y auto-creada descripción de lo que es una familia, gira alrededor de brindar amor incondicional y un sitio seguro a aquellos que pudieran no tener ningún otro lugar para ir. No te estoy pidiendo que adoptes mis valores, solamente los estoy usando como ejemplo que te ayude a identificar las áreas que más pasión despierten en ti. Si puedes hacerlo, tal vez te sea más fácil entender mejor por qué te respetas o no a ti mismo. Porque, amigo mío, el respeto por uno mismo refleja, por lo menos en parte, cómo van las cosas en nuestro interior según nuestro nivel de cumplimiento con nuestras propias reglas.

Otra razón para que consideres examinar tus valores fundamentales es ayudarte a saber qué te estimula y satisface, así como qué ofende y debilita tu alma. Muchas veces no aclaramos nuestros valores o los valores de quienes nos rodean. Cuando esas personas violan nuestros valores, los ejecutamos sin fórmula de juicio aunque, para empezar, ellas ni siquiera conocieran la existencia de esa regla. ¿Alguna vez has perdido un amigo y no has podido saber por qué? ¡A menudo estos valores fundamentales entran en conflicto con una relación y ya sabes lo que pasa! ¿Pero es eso justo? No siempre porque, guardadas las proporciones, viene a ser lo mismo que si el estado pusiera una multa por velocidad en una autopista donde hay ningún aviso al respecto. ¿Un poco injusto, verdad? Y, sin embargo, a cada rato nosotros lo hacemos con personas que violan lo que nunca hemos enunciado.

Pero como ocurre con la mayoría de las reglas, ¡tarde o temprano quienes las escriben también las quebrantan! Todos los días vemos políticos, predicadores, padres y una larga lista de otras personas que quebrantan sus propias reglas. Aunque esas personas llegan a los titulares de prensa, en realidad todos nosotros hemos irrespetado nuestras propias normas e ideales en algún momento. Cuando se viola una ley del Congreso o una ley bíblica, hay conflicto y esas pueden ser reglas que se te ha pedido defender pero que tal vez no siempre reflejen perfectamente tus valores fundamentales reales. Pero cuando uno realmente tiene valores fundamentales y quebranta esas reglas, la angustia es mucho más intensa.

Y ahí empieza el dilema. ¿Qué haces tú si irrespetaste los ideales que consideras más importantes? ¿Cómo mirarte al espejo si has violado una regla auto-impuesta y no tienes una excusa real de la que echar mano cuando reflexionas sobre el error cometido? En medio de un conflicto similar al del niño que busca él mismo la rama con la que van a castigarlo, a menudo nos sentimos incapaces de perdonarnos y al mismo tiempo tratamos de liberarnos de la culpa interna y la vergüenza de haber incumplido una cláusula que nosotros mismos escribimos.

Al rescate

Hace algunos años, conocí a un joven muy talentoso. Teníamos tanto en común que pronto entablamos una muy buena amistad. De este amigo tan inteligente y superdotado podría decirse que tenía su futuro asegurado, así como las fortalezas necesarias para alcanzar las metas que se propusiera. Cuando lo conocí, entusiasmado con todas sus iniciativas de negocios, rebosaba de ideas brillantes y estaba en la cúspide, construyendo un imperio impresionante. Muy bien vestido, vivaz y carismático, tenía mucha labia y gozaba de excelente acogida en las más altas esferas de nuestra ciudad.

Te podrás imaginar mi perplejidad cuando poco a poco fui viendo que su empresa, su familia y toda su vida se desintegraban ante mis propios ojos. De modo que saqué la capa, calcé mis botas y encendí el consabido batimóvil para ir al rescate. No sabía yo que no es posible rescatar a alguien que no quiere ser rescatado. Una y otra vez traté de apoyar a mi amigo en muchas formas (ya sabes que la lealtad es muy importante para mí).

Ofrecí contactos para hacer negocios, ayudé con algunas cuentas de cobro cuando estuvo corto de efectivo, y seguí esperando que la densidad de la nube que opacaba su vida empezara a disiparse.

Bueno, pues no se disipó y yo no podía explicarme por qué. A medida que progresaba nuestra amistad supe que lo abrumaba una culpa terrible porque su niñez fue muy complicada y dolorosa. Dicho eso, me contó algunas cosas muy irrespetuosas que le había dicho a su papá, declaraciones nacidas de su enojo y frustración, que causaron mucho daño. No podía saber que su padre moriría antes de que él pudiera disculparse. ¿Cómo haber sabido que su rabieta sería la última vez que ellos se comunicarían? Y ahora que el eco de sus propias palabras resonaba una y otra vez en su mente, el único (pensaba él) que podía ayudarle a disipar su vergüenza, había muerto.

Le dije que un verdadero padre conoce a su hijo. Intenté explicarle que aunque las palabras de sus hijos sean hirientes inevitablemente un padre conoce sus corazones mucho más allá de lo que muestran sus acciones. Y aunque él afirmaba con la cabeza y trató de absorber lo que le había dicho, supe que yo solamente había interrumpido una auto-paliza ¡que continuaría tan pronto saliera de allí! Una vida desperdiciada, y lo más doloroso era ver que alguien con tanto que dar a los demás no se daba nada a sí mismo. Una mirada más detenida a sus amistades y negocios, me reveló los signos de una persona que se maltrata a sí misma.

Mi amigo daba demasiado a los demás y no guardaba nada para sí mismo. Cualquiera con algún conocimiento de los negocios sabe que no se puede ser pastelero y regalar los pasteles pues se acaba manejando solo boronas. Pero en esencia eso fue lo que hizo mi amigo. Era una persona muy amable, pero si lo traicionabas, la palabra perdón no existía en su vocabulario. Gradualmente logramos algún progreso porque reconoció ser su peor enemigo y entendió que se estaba castigando a sí mismo; y yo prácticamente le rogué que acudiera a terapia. Pero a veces el orgullo no nos permite pedir ayuda ni siquiera si nuestra casa se está incendiando.

Yo me estaba ahogando en mi compulsiva lealtad mientras mi amigo no podía comunicarse por su implacable necesidad de mantener la azotaina. Tristemente, la relación fracasó en todos los aspectos y hasta donde sé las auto-palizas continúan. La historia habría sido otra si mi amigo hubiera dejado de encarcelarse a sí mismo para rehabilitarse. Es cierto que en algún momento todos defraudamos a alguien, incluso a nosotros mismos. Pero no es cierto que uno deba pagar cadena perpetua dentro de un tanque séptico solo porque cometió errores en el pasado.

Sea que estés arrancando la maleza de viejos y arraigados problemas o intentando nutrir en vez de neutralizar tu propia productividad, te ofrezco tres pasos muy básicos que pueden ayudarte a superar las palizas y maximizar ese don que Dios te ha dado y se llama vida.

1. *Admítelo.*

Ocultar la verdad a ti mismo y a tus allegados solamente retrasa la curación. Aunque no sería aconsejable gritar a los cuatro vientos todo tipo de transgresiones, querer ocultarlas aumenta el poder de la cancerosa negativa a perdonar. Es importante enfrentar el pasado y admitir el error. Las más de las veces, no reconocer las fechorías es señal de que la rehabilitación no está funcionando. Mientras culpes a otros de lo que tú sabes que fuiste causante, no podrás seguir adelante. Muchas veces las personas que más hieren callan lo que les hiere a ellas. Pueden ser el alma de la fiesta para los demás, pero eso no significa que en su fuero interno se sientan contentas.

Creo muchísimo en la conveniencia de retirar fondos de esa especie de banco que son los amigos cercanos y mostrarles no solo tus logros sino también tus fracasos. Si vives la vida ocultando tus fracasos a tus seres queridos les niegas a ellos la fuerza del amor que crea lazos indestructibles. Eso mantiene las relaciones a un nivel tan bajo, que aquellas realmente importantes no resisten la falta de confianza que demuestras si jamás confías en alguien con toda el alma y solamente compartes lo que desearías haber sido.

Esta diferencia irreconciliable entre quien quisieras ser y quien eres, a menudo deja en bancarrota hasta a la relación más sincera, pues jamás pones sobre la mesa la vulnerabilidad de tu ser. Entonces la gente nunca llega a querer a quien realmente eres, y se ve obligada a amar solamente a tu ser ideal, el que te gustaría ser pero no eres.

Admitir las faltas y sentir el amor de las personas que te conocen te ayuda a amarte a ti mismo. Entender ese amor de ellas te parecerá extraño y tal vez hasta censurable porque es difícil recibir un amor que no crees justificado. Pero admite eso también, pide paciencia, ventila tu lucha para recibir amor y trabaja en ella con la gente que te ama lo suficiente para ayudarte a salir de tu calabozo.

2. Conviértelo.

Toma la energía que estás gastando en sufrir y recíclala para que con tu dolor empoderes a otros. Escribe sobre tu problema, enséñalo, comparte tu historia con personas que puedan estar tentadas a cometer los errores que tú cometiste y muéstrales que lo estás superando y aprovechando una experiencia que fue tan mala, para algo bueno. Convertir nuestro martirio en motivación es un paso muy importante en la auto-recuperación. Cuando la energía se convierte en propósito jamás ocasiona una explosión.

Si tú crees como yo que todo sucede por una razón, debes encontrar esa razón y convertir esas experiencias que amenazan con detonar en tu vida, en una útil fuente de energía que te empodere a ti y también a otros.

En la iglesia decimos a menudo que nuestro ministerio está compuesto por nuestro sufrimiento. Aunque a primera vista pueda parecer extraño, en realidad es el poder de conversión lo que te permite usar tu dolor como fuerza para ayudar a otros en una tormenta. Puedo imaginar que las mismas cosas que no te dejan perdonarte pueden ser demasiado personales o dolorosas para compartirlas en público. Pero encontrar alguna forma de darle significado a tu aflicción es importante aunque no sea el tipo de cosas que puedas discutir fácilmente. Ayudar a otros a prevenir o evitar un dolor similar a menudo actúa como un bálsamo reparador. No podrás compensar lo que perdiste, pero sí puedes contribuir al bienestar de otros.

3. *Ciérralo.*

Tiene que haber un momento en el que digas: "ya acabé de pagar el precio de mis pecados. Reconozco que esta forma destructiva de hacer frente al asunto ni da marcha atrás a lo que he hecho ni beneficia a nadie, incluido yo mismo. Voy a cerrar la puerta al comportamiento destructivo que crea mi dolor y a cerrar este ciclo antes de que me destruya". Este cierre puede implicar largas conversaciones que habrías debido sostener, escribir cartas pidiendo perdón a alguien, o servir a otros sin decirles qué te motiva a darles tu tiempo y talento.

En esta vida jamás conoceremos la belleza perfecta del Jardín del Edén, pero podemos aprender a arrancar las amargas raíces que amenazan nuestra paz y bienestar. Podemos dejar atrás la culpa que nos atribuíamos y avanzar a un nuevo lugar de libertad y fructífera productividad.

Trece

Médico, cúrate a ti mismo

Algunas de las peores secuelas de cualquier catástrofe surgen cuando la necesidad de los damnificados crece y la capacidad de asistencia está en su punto más bajo. En el año 2010, presenciamos una situación así cuando un terremoto de siete puntos asoló Haití y las escalofriantes sacudidas de la tierra redujeron a escombros ciudades, aldeas y barriadas enteras. Edificios de oficinas, hoteles y negocios cayeron como bloques de juego de un niño, se perdieron miles y miles de vidas y de un momento a otro más de un millón de personas se encontraron heridas y sin hogar.

Para quienes estaban en estado crítico, uno de los efectos más angustiosos de esta pesadilla fue que esa calamidad también destruyó prácticamente todos los hospitales, clínicas e instituciones médicas. Al júbilo de descubrir sobrevivientes bajo capas de polvo y escombros, le seguía la frustración de saber que no había a dónde llevarlos a recibir atención médica. Cuando esta afligida gente más necesitaba de asistencia médica especializada, el mismo desastre demoledor que los golpeó también había acabado con sus lugares de recuperación.

Vemos ese tipo de situaciones cada vez que tras el impacto inicial un huracán, tornado o tsunami, deja su estela de daños colaterales y no hay a dónde llevar a los lesionados, heridos y moribundos en busca de atención médica de emergencia. Y en mis experiencias y encuentros con personas heridas emocionalmente, he descubierto un preocupante paralelo con aquellas situaciones.

Hombres y mujeres que sufren estragos emocionales causados por la traición, la adicción y otras crisis, a menudo recurren a su iglesia local en busca de la aceptación, el aliento y el apoyo espiritual que necesitan para lograr su recuperación. Pero a menudo esas personas heridas descubren que la reacción de los miembros de la iglesia a esa necesidad solamente agrava su problema. En lugar de ser aceptadas, se ven sutilmente excluidas por una hipócrita jerarquía de superioridad moral. Tras la exclamación "¡Dios te bendiga, hermano!" en lugar de aliento, esas almas heridas perciben el aguijón de glaciales miradas y murmuraciones. No se les presta apoyo espiritual, solo el lento y angustioso goteo de una capciosa dosis intravenosa de aniquilación.

Mi temor es que la iglesia cristiana, que debería ser un hospital espiritual que preste cuidados espirituales, se haya convertido en una zona de presunción, prejuicios, convencionalismos y exclusión. Si queremos encontrar libertad duradera y curación espiritual en nuestro viaje del perdón, debemos recuperar a la iglesia como comunidad del pueblo de Dios, que alcanza el perdón por su gracia y misericordia, y se preocupa por los necesitados.

Disparos a los heridos

Imagina que cualquier día, una amiga muy querida que está muy enferma, te llamara a pedirte consejo. Aquejada por muchos agravios y una dolencia crítica, te pide recomendarle una buena institución médica, en la que pueda recibir la dedicada atención e intervención que necesita para que su salud se restablezca. Sin pensarlo dos veces, le das el nombre y ubicación de la clínica a la que tú acudes y mencionas los nombres de varios doctores y otros miembros del personal médico del establecimiento. Muy agradecida, tu amiga te dice que irá allá de inmediato.

Pasan varias semanas antes de que vuelvas a verla y cuando te la encuentras en el Starbucks de tu localidad, luce divinamente, con un atuendo elegante, muy bien arreglada, peinado impecable y perfectamente plácida. Mientras se toman un café con leche, le preguntas por su estado de salud y su tratamiento en la clínica que le recomendaste. Dudosa al principio, ella empieza a escoger sus palabras cuidadosamente, y es claro que se siente cada vez más y más reticente a discutir en detalle su caso.

Observas muy bien a tu amiga, y te das cuenta por la nostálgica y triste expresión de sus ojos, que sigue estando muy enferma. Bajo el barniz del maquillaje impecable, ves la piel cetrina con muchos vasitos dilatados y más arrugas que un vestido de lino entre una maleta, y de hecho te das cuenta de que ahora está más enferma que la última vez que la viste.

Y no, no estoy resumiendo un viejo episodio de *The Twilight Zone* ni la trama de una continuación de *The Stepford Wives* para el cine. Cada semana, millones de personas visitan lugares como ese y, como tu amiga, jamás reciben un tratamiento real ni los medicamentos que necesitan para restablecer su salud física, emocional y espiritual. En cambio, se les entrena para que oculten sus heridas, ignoren sus lesiones internas, maquillen sus cicatrices y enmascaren su dolencia.

La filosofía de ese lugar parece ser que si finges que el doloroso malestar causado por tu afección no es un problema, dejará de serlo. Las normas sutilmente implícitas de la institución ordenan mantener una fachada de perfecta salud y bienestar. Debes actuar saludablemente por más enfermo que sepas que estás, y no debes discutir tu dolencia con nadie, ni con otro paciente ni con un observador ajeno a esa institución. En un lugar donde precisamente deberían ser prioritarios, todo el tiempo se niegan los cuidados necesarios a innumerables hombres y mujeres de todas las edades, razas y niveles socioeconómicos que acuden esperando recuperar su salud.

En forma parecida, esos lugares también acaban con su propia gente si llega a desviarse del código de conducta prescrito social y culturalmente que se espera de los profesionales médicos de instituciones tan acreditadas. Entonces, en lugar de ser los primeros en ser tratados para que a su vez puedan tratar y prestar ayuda a pacientes con necesidades similares, a esos profesionales de la salud se les considera incompetentes y rápidamente se les saca de circulación sepultándolos bajo una capa de ridículas poses y pretencioso poder.

Ese es el tipo de institución que nadie quiere que sea este lugar llamado iglesia, especialmente quienes nos hemos pasado la vida sirviendo, construyendo y haciendo crecer sus recursos. No, queremos que la iglesia sea un hospital para almas heridas, una clínica de cuidados especiales donde la gente que ha cometido errores encuentre una segunda oportunidad y un lugar de jubilosa celebración en el que se recibe a los hijos pródigos. La escritura nos dice que la Iglesia es la Esposa de Cristo, la Comunión de los Santos y la comunidad de quienes conocen y aman al Señor. Como comunidad de cristianos, se exhorta a la iglesia a ser un faro brillante e iluminador de los recónditos y oscuros lugares de nuestro mundo dolorosamente ensombrecido, una casa para pecadores arrepentidos y un refugio para quienes buscan conocer la verdad.

Trágicamente, en muchas comunidades, la iglesia ha perdido su norte y no ha honrado su compromiso con la misericordia divina y los principios bíblicos. Mi mayor temor es que se esté incubando una epidemia de prejuicios, actitudes sentenciosas e hipocresía. A menudo, la iglesia más parece una caricatura de un club campestre, un lugar elitista para que quienes tienen los mejores atuendos, los mejores autos y la mayor cantidad de dinero, se reúnan con los de su misma clase. Los proyectos del ministerio se convierten en muestras del filantrópico poder de la institución y auto-congratulatorios intentos de llegar con algunas migajas a los mucho menos afortunados que viven a niveles muy inferiores al de sus miembros.

Lo que escucho de muchas personas, especialmente de quienes me dicen que no quieren nada con una institución basada en la fe, es que hoy la iglesia se ha convertido en un lugar donde prolifera la enfermedad de la hipocresía, donde una epidemia de negación cierra una apretada cortina de propiedad basada en un desempeño alrededor de sus muchos pacientes a quienes se habla del poder sanador de Cristo pero raramente lo ven. Los líderes de esos ministerios prescriben una medicina pero toman otra y cuando sus propias incorrecciones afloran a la superficie, son eliminados del púlpito como se extirpa un tumor maligno del cuerpo.

Lamentablemente, la iglesia acoge a los heridos pero luego les dispara si ellos no fingen mejorarse basados en su propia actuación. Nadie discute los asuntos clandestinos y sucios secretos de los corazones humanos involucrados. En la iglesia, igual que en cualquier otra comunidad del género humano, existen las mismas adicciones, problemas conyugales, infidelidades, chismes, mentiras, engaños, robos y traiciones. Solamente que aquí solo se habla de ellas como si se tratara de un grupo de personas que sufren de una rara enfermedad en otra parte del mundo.

No sé si ustedes, pero cuando yo escucho esas descripciones y los datos que llevan a las personas a tan duras conclusiones, como cristiano y como clérigo, siento la enorme carga de la responsabilidad de cambiar radicalmente ese daño y restablecer para la Esposa de Cristo su belleza original como lugar de sanación y aceptación, y de bálsamo que da vida. Mi fe en Dios y en la iglesia como su instrumento de paz, su mano sanadora y conducto de su amor hacia un mundo enfermo sigue inconmovible, pero debemos hacer algunos cambios si de veras este médico se va a curar a sí mismo en una forma que devuelva la vida a los demás.

De vuelta a la iglesia

Quizás tú hayas tenido con la iglesia solamente experiencias positivas que hayan hecho crecer tu fe, y por eso te extrañen las duras descripciones y lenguaje poco caritativo que he utilizado. Si ese es el caso, alabo a Dios contigo y me regocijo en esta acción de gracias y solo te pido que muestres el mismo espíritu de generosidad y compasión a aquellos con quienes te encuentres. Tienes mucho que enseñarnos a todos mientras sigues inspirándonos con tu esperanza y tu fe incondicional en la capacidad de Dios para usar como sus manos, pies, ojos y oídos, a la iglesia.

Pero podría ser que tu reacción a este tema reabra viejas heridas y consideres que lo que he dicho no es suficientemente crítico. Podría ser que del preciso lugar en el cual habías cifrado tus últimas esperanzas de encontrar ayuda, hayas recibido un profundo y doloroso rechazo y la privación del derecho a expresarte. Tal vez hayas recibido el incomprensible maltrato espiritual de una iglesia con un liderazgo corrupto, que esquilma al propio rebaño que se supone debe nutrir y proteger.

Posiblemente hayas dejado la iglesia y encontrado que el único sitio que debería ser como la compañía de electricidad en una comunidad —un ducto transportador de energía e iluminación— se ha convertido en cambio en el servicio sanitario semanal, que arroja las basuras a la cuneta. Puede ser que creas que con sus moralistas subterfugios e indignidad farisaica, la iglesia y sus miembros han atraído o se han ganado una reputación por demás negativa y vergonzosa.

Sea cual sea el extremo del espectro en el que te encuentres, creo que la mayoría de nosotros estaría de acuerdo en dos conclusiones obvias. La primera, que la iglesia debe ser un lugar de sanación y restauración, radiante reflejo de la misericordia, gracia y amor de nuestro Dios Padre. Él es quien acogió con los brazos abiertos a su hijo pródigo después de que ese hijo los hizo quedar mal a Él y a su familia. Él sigue siendo quien nos acoge de nuevo, una y otra vez. Como hemos visto en capítulos anteriores, si no hemos recibido la misericordia que Él derrama sobre nosotros con tanta liberalidad, no estaremos en capacidad de extender esa misericordia a nuestros propios ofensores.

Y la segunda, que en este momento la iglesia no está cumpliendo esa misión con honorabilidad o efectividad. De hecho, con base en lo que mucha gente que viene a mí en busca de consejo me ha dicho acerca de sus pasadas experiencias con la iglesia, me temo que se haya convertido en una barrera para el proceso del perdón y ya no sea la iglesia el conducto transportador de gracia para el cual fue creada. Si queremos experimentar el júbilo, la libertad y la renovación que la práctica del arte del perdón en nuestra vida trae aparejadas, debemos recuperar a la iglesia como centro de sanación de los males espirituales y conseguir que deje de ser un instrumento para transportar más gérmenes de la enfermedad.

Creo que los problemas al interior de la iglesia cristiana aquí, en los primeros albores de nuestro siglo veintiuno, surgen de la convergencia de tres áreas: la de sus líderes, la de sus miembros y la de su relación con el mundo en general. Estos temas son internos y externos, y van del púlpito a las reuniones de grupos de oración y regresan, y nos asignan a todos la responsabilidad del mandato divino de reversar el daño y tratar de resucitar a tan preciosa paciente que a veces parece estar en sus últimas.

Los líderes de la iglesia

El primer problema es el de los líderes de las iglesia. Hay un círculo vicioso que se convierte en una impenetrable rosca de líderes encumbrados en pedestales que parecen crecer y crecer, cuanto más exitosa es la apariencia de la iglesia en cuestión. Porque a menudo nos parecen abstractas e intangibles la sagrada perfección e inherente bondad de Dios, las personas tratan de vislumbrar en el clero la divinidad en acción, una expectativa más que razonable siendo eso mismo una comprensible responsabilidad de quienes lideran la iglesia.

Pero parte del problema surge cuando los feligreses pierden de vista la humanidad de sus líderes, porque quieren como líder a alguien que sea un modelo de impecable vida cristiana y además lo refuerce al interior de la iglesia. En el curso de mis treinta y cinco años de ministerio, a menudo me ha divertido la reacción de los miembros de mi iglesia cuando se encuentran conmigo en el supermercado, la tintorería, el consultorio de mi dentista o entrando a un McDonald's. Muchas veces los veo perplejos al darse cuenta de que soy igual a ellos y necesito leche, trajes planchados, o ¡una Big Mac y papas fritas! No se les ocurre que, como todos ellos, yo también tengo las mismas rutinas y prosaicas actividades que son parte de la vida diaria. Y les resulta sorprendente verme fuera del contexto de nuestros usuales encuentros en la iglesia, escogiendo el cereal de mi desayuno o pagando una multa por estacionamiento indebido, como todo el mundo.

Esto me recuerda una vez que de niño me encontré con una de mis maestras de la escuela primaria, en un pasillo de la tienda de víveres de la localidad, en Charleston, West Virginia, donde crecí. Iba junto a mi madre mientras ella empujaba nuestro carrito, pero paré en seco cuando de repente me vi frente a la Sra. Simpson, mi profesora de matemáticas de cuarto grado, ¡sopesando un melón! Para mí fue como ver un extraterrestre aterrizando en medio de nosotros y empezando tranquilamente a hacer su compra de la semana. Fue uno de esos momentos en los que me di cuenta de que el contexto en el que conocemos a alguien es solo una faceta de su humanidad y una dimensión de su personalidad normalmente enfocada y filtrada por su rol en la comunidad. Hasta donde sé, ¡la Sra. Simpson debió quedar igualmente impactada cuando vio que yo era capaz de portarme bien el tiempo suficiente para seleccionar una caja de Corn Flakes!

Por favor, antes de elevar el clero a una categoría sobrehumana, debes caer en cuenta de todo eso. Los miembros de la iglesia también tienen las muy reales debilidades humanas inherentes a hombres y mujeres. Como, por ejemplo, esa pequeña mala palabra de tres letras, el E-G-O. Dependiendo de la personalidad y deficiencias de carácter de cada clérigo, tal vez lo que menos necesiten ellos sea que les digan lo santos, perfectos y religiosos que son. Porque una norma basada en el desempeño que los vuelva objeto de tanta atención y adoración, inflará su autoestima a tal punto, que esos clérigos caerán en el autoengaño y la negación de sus propias deficiencias y faltas morales o las ocultarán en una parte de ellos secreta, escondida, que nadie debe descubrir jamás.

Entonces, cuando su transgresión sea descubierta o expuesta, o si la confiesan porque el peso de esa carga ya amenaza su vida y sanidad mental, sus propios feligreses los desprecian porque estos clérigos dieron al traste con su ilusión de un comportamiento perfecto. Y la acción de la iglesia puede ser brutal, rápida y silenciosa; nadie volverá a hablar de ese pastor, de su problema o de su inexplicable ausencia repentina. O por el contrario, puede ser algo más misericordiosa y desarrollar un "plan de restablecimiento" del afectado con un "equipo responsable" y un tiempo de licencia remunerada. Pero en cualquiera de los dos casos, el efecto típicamente es el mismo. El líder pastoral es tratado como un paria, forzado al exilio y abandonado, para que enfrente en soledad su vergüenza, dolor y resentimiento.

Hay una historia, que podría ser apócrifa, acerca del renombrado cirujano afro-americano Dr. Charles R. Drew, quien vivió y ejerció en la primera mitad del siglo veinte. El Dr. Drew fue el precursor de los modernos métodos de transfusión sanguínea y de la innovación del almacenamiento de sangre y plasma en los que ahora conocemos como bancos de sangre. Gracias a sus conocimientos profesionales y previsión administrativa, el Dr. Drew salvó muchísimas vidas durante la II Guerra Mundial, cuando miles de soldados heridos recibieron transfusiones de emergencia de los bancos de sangre que el Dr. Drew ayudó a establecer e implementar.

Terminada la guerra, cuando conducía de camino a un congreso médico en Tuskegee, el Dr. Drew perdió el control de su vehículo y se estrelló. Junto con sus pasajeros, lo llevaron al hospital más cercano, pero el Dr. Drew no recibió el tratamiento adecuado para salvarle la vida. Aunque eso ha sido rechazado, mucha gente ha especulado que no fue atendido oportunamente por su raza. El caso es que al Dr. Drew le fue negada la transfusión de sangre —método desarrollado por él mismo— que le habría salvado la vida.

No se me ocurre un cuadro más gráfico o revelador de la forma en que actualmente se trata al clero. En lugar de permitir que a nuestros líderes espirituales se les martirice por ser humanos igual que el resto de nosotros, imagina lo portentoso que sería para ellos recibir la misericordia, la gracia y el amor sanador de aquellos a quienes habían servido fielmente hasta ese momento. Si estamos dispuestos a ver a nuestros clérigos como sanadores heridos y no como superhéroes, daremos el primer paso para reparar la arteria bloqueada que amenaza al corazón de la iglesia.

Problemas en las bancas de la iglesia

La segunda área que debemos abordar es si la iglesia volverá a ser un conducto para perdonar a sus miembros. Este tema tiene muchas variables y varias capas también, pero para nuestra discusión, me gustaría concentrarme en una de ellas, la de las expectativas. Ya hemos expuesto el problema de tener rígidas expectativas acerca del clero de la iglesia, pero esas mismas ideas de perfección preconcebidas a menudo son esgrimidas y usadas en contra de las mismas personas que se sientan unas junto a otras en las bancas de la iglesia.

Prácticamente cada iglesia que he visitado o de cuya existencia he sabido, resalta la importancia de la comunidad. Bien sea por medio de educación para adultos, "escuelas dominicales", pequeños grupos que se reúnen en casas particulares entre semana, grupos de oración de damas, o grupos de caballeros para estudio de la Biblia, las iglesias quieren que sus miembros se pongan en contacto, se relacionen e interactúen. De hecho, ese es uno de los mayores beneficios que la iglesia puede ofrecer: el sentido de pertenencia, de tener un hogar espiritual, de contar con una familia que te ama y apoya.

Sin embargo, cuando el problema de la negativa a perdonar se vuelve una infección que se multiplica al interior de una iglesia, la pandemia resultante atrofia el crecimiento espiritual en proporciones nunca vistas. Puede volverse una ola de chismes y difusión de rumores que alimenten nuestra lasciva imaginación personal con morbosos detalles, los cuales ni siquiera estén basados en hechos sino que simplemente surjan de los deseos reprimidos y fantasías secretas de alguien. Puede volverse un competitivo juego para adquirir más categoría, en el cual ciertos individuos se consideren más espirituales que los demás por las horas que pasan en oración, estudiando la Biblia, en el comité de diáconos o en reuniones del equipo del culto. O puede ser tan simple como las pretensiones de superioridad moral expresadas a través del trato y actitudes enjuiciadoras para con los demás, un problema que en su tiempo Jesús encontró con frecuencia.

De hecho, él narró una parábola frente a un grupo en el que estaban muchos de los líderes religiosos "perfectos", los fariseos de la época. Jesús dijo que vio a dos hombres entrar al templo, para rezarle a Dios. Uno de ellos, probo fariseo, rezó en voz alta postrado ante el altar: "¡Oh Dios! Te doy gracias porque no soy como los demás hombres, rapaces, injustos, adúlteros, ni tampoco como este publicano. Ayudo dos veces por semana, doy el diezmo de todas mis ganancias" (Lucas 18:11–12 NIV). Conoces ese tipo de personas que ponen grave la voz hasta alcanzar el bajo profundo tipo James Earl Jones y luego siguen y siguen en una forma que los hace ver espiritualmente superiores al resto de nosotros.

En marcado contraste, el otro hombre, recaudador de impuestos, profesión tan despreciada en aquellos tiempos como la de un auditor de la Dirección Nacional de Impuestos ahora, se quedó a prudente distancia del altar y con la cabeza inclinada, dándose golpes de pecho en señal de humildad y contrición decía simplemente: "¡Oh Dios¡ ¡Ten compasión de mí, que soy pecador!" (Lucas 18:13, NIV). Por si algunas de las personas que lo escuchaban no lo habían entendido, el propio Jesús lo aclaró muy bien: "Os digo que éste bajó a su casa justificado y aquél no. Porque todo aquel que se ensalce será humillado, y el que se humille será ensalzado" (Lucas 18:14, NIV). Es evidente que Dios ama a aquellos que saben que lo necesitan y aprecia que recordemos eso no solo ante Él sino también en nuestros encuentros con otros. Ninguno de nosotros es digno delante de Él. El profeta Elías dijo que nuestras mejores acciones son apenas sucios harapos comparadas con la santidad de Dios.

Si vamos a corregir el caprichoso rumbo que han tomado las iglesias, entonces nosotros como cristianos debemos tratarnos unos a otros por igual como compañeros pecadores que necesitamos todos de la gracia de Dios tanto como la necesitan el adicto a la pornografía, el violador, el malversador o el adúltero. A los ojos de Dios ninguno de nosotros es mejor —ni peor— que otro. Se ha dicho que Dios no hace acepción de personas, queriendo decir que no tiene preferencias ni favoritos entre sus hijos, ni estima solo al rico, bien parecido, correcto y bien educado. Por lo que sabemos de la forma en que Jesús se interrelacionaba, parece que si acaso tuvo alguna preferencia por sus seguidores, lo más probable es que fuera por personas marginadas y rechazadas por la sociedad, como recaudadores de impuestos, prostitutas, pescadores iletrados, leprosos, el ciego y el tullido.

Debemos arriesgarnos a ser transparentes unos con otros, y compartir nuestras dificultades del momento así como nuestras victorias. Debemos pedir ayuda cuando la necesitemos y darla con liberalidad y sin juzgar cuando otros de la comunidad de la iglesia nos la pidan. Si vamos a eliminar el ennegrecimiento de la negativa a perdonar de nuestras iglesias, debemos ofrecer como brillametal nuestra colaboración, cooperación y concentración. En nuestro batallar con los golpes de la vida y la enfermedad del pecado, aquí todos somos pacientes, ayudándonos unos a otros a obtener la misma sanación que nosotros recibimos.

Imagen

El tercer campo minado de nuestra iglesia hoy día, es producto de la manera de relacionarnos con el mundo y la cultura que nos rodea. En lugar de relacionarnos con la gente ajena a la iglesia a través un liderazgo de servicio y del amor divino, la iglesia hoy es reconocida por los productos contra los cuales protesta, las películas que boicotea y las personas que condena. De ninguna manera estoy diciendo que la iglesia no deba asumir una posición a favor de lo que esté bien en medio de la depravación y disfuncionalidad de nuestro oscuro mundo. El problema, como yo lo veo, es que hemos hecho de la negación nuestra prioridad. La iglesia se ha vuelto conocida por las cosas que rechaza y ¡no por las que apoya!

La política partidista también entra en el cuadro, creando a menudo innecesarios distanciamientos y divisiones. La imagen de la iglesia se ha distorsionado, ya no muestra la calmada y hermosa compostura de una novia que bajo su velo susurra "te amo", sino la de una vieja arpía siempre molestando y quejándose de todo. El énfasis ha cambiado de la reconciliación relacional a las relaciones públicas. Muchas iglesias parecen atribuirse el papel de guardianas de las puertas del cielo, promulgando su aceptación de quienes estén de acuerdo con ellas y alineados con sus causas propias y condenando a todo el que no lo haga.

Lo que nos trae al problema de la exclusividad. En lugar de acoger la cultura que nos rodea, con demasiada frecuencia las iglesias se convierten en un grupo homogéneo más que solo está de acuerdo consigo mismo sobre su creencia. ¡La buena nueva del amor y el perdón divinos es que son para todas las personas! En sus muchas epístolas a las primeras iglesias cristianas, conformadas ellas mismas por una heterogénea asamblea multicultural de judíos, griegos, romanos y samaritanos, Pablo deja claro que los marcadores demográficos desaparecen en el Cuerpo de Cristo cuando dice que ya no hay diferencia entre judío y gentil, esclavo y amo, e incluso entre hombre y mujer (Romanos 10:12).

En lugar de publicar blogs rebosantes de odio proclamando quién creen que irá al infierno, las iglesias tendrían que concentrarse en atraer a todas las personas con la dulce fragancia de la gracia de Dios. En lugar de probar candidatos políticos a ver si son políticamente correctos, debemos demostrar respeto por los líderes que ya están en el poder. Jesús dijo que la gente sabría que somos seguidores suyos no porque nos apartemos de quienes sean diferentes a nosotros, sino por nuestro amor. Si vamos a practicar el perdón, entonces debemos mostrar al mundo lo que es realmente el amor, cómo se consigue la sanación verdadera, cada vez que tengamos la oportunidad de hacerlo.

Sala de urgencias

Yo espero que nunca hayas tenido que ir a medianoche a una sala de urgencias. Como podrás imaginar, con cinco hijos y padres ancianos a mi cargo, he tenido mi dosis de visitas al hospital fuera de horas. Y si ya has vivido bastante, sabrás muy bien lo que es estar en uno de esos centros de atención crítica.

En las mejores salas de urgencias hay personal suficiente para atender el flujo de pacientes entrantes que esperan atención inmediata, muchos por heridas graves que pueden costarles la vida o por su condición terminal. Allí se cuenta con los equipos, aparatos y medicamentos necesarios; pero más que todo, en las mejores salas de urgencias, uno encuentra un dedicado equipo de hombres y mujeres compasivos a quienes les gusta ayudar a otros, comprometidos con el bienestar de todos y cada uno de los pacientes que atienden.

Mis plegarias son porque nuestras iglesias puedan funcionar así —que no sean excluyentes, porque debe haber cuidados postoperatorios y recuperación completa, junto al restablecimiento y capacitación de más líderes servidores—. Si queremos poner en práctica nuestro perdón, entonces vamos a compartirlo con quienes nos rodean, tanto dentro como fuera de la iglesia. Debemos ser capaces de tratar a las personas donde estén y, en lugar de bloquear el camino, permitir que Dios trabaje a través de nosotros.

La iglesia cristiana ha resistido siglos de crímenes inenarrables, espantosos secretos y abusos de autoridad, dentro y fuera de sus sagrados muros. Y Cristo jamás ha abandonado a su Es-

posa sino que seguirá amándola tanto que ella continuará ata-
viada con su rectitud y adornada por su misericordia, atrayendo
a toda la gente a tan sagrada belleza. Debemos recuperarla como
Cuerpo de Cristo que es, como una comunidad de perdonados
que dan compasión, sanación y misericordia a los necesitados.

Catorce

Listo para lo que sigue

Si no vas a abrazar lo que te espera adelante, no necesitas perdonar lo que dejaste atrás. Posiblemente hayas absorbido cada una de las verdades y utilizado cada una de las herramientas que he compartido contigo a lo largo de este libro, pero ahora no solo es cuestión de sentirse más liviano. Es cuestión del propósito único, personalizado y estilizado de tu Creador para ti. Es cuestión de sumergirte en la corriente de tu realización que estaba bloqueada por la represa de decepciones pasadas. En pocas palabras, es cuestión de dejar de mirar atrás, ver bien dónde estás ahora mismo, y luego mirar adelante a tu futuro. No es una coincidencia que la palabra "arrepentimiento" signifique *devolverse* de tu callejón sin salida y volver al ilimitado camino del perdón.

La palabra "perdonando" significa que has estado "donando" a lo prioritario, antes de este momento y de los dones de tu futuro. Ahora que has quedado libre de viejos rencores, profundos resentimientos y del cepo de la negativa a perdonar, una pregunta muy importante surge como una valla enorme junto al camino:

¿Qué vas a hacer contigo mismo? ¿A qué tarea dedicarás toda esa energía y pasión que acabas de liberar?

Nuevas inversiones

La mayoría de nosotros debemos vivir de acuerdo a nuestros medios. Debemos vivir con el hecho de que nuestro dinero es un recurso limitado. La mayoría de las personas no tiene cantidades inagotables de efectivo ni de energía. Muchos debemos decidir dónde colocar nuestro dinero dándole prioridad a lo más importante. Piensa en tu energía de igual manera: ahora que ya dejaste de invertir en lo que había atrás y te liberaste de deudas pasadas, estás listo para invertir en lo que tienes frente a ti.

Tu energía se parece al dinero en que tiene el poder para darte algo a cambio de tu inversión. Se parece al dinero porque puedes re-asignarla y cambiar tu vida variando la distribución que hagas de los distintos recursos de que ahora dispones. Y también se parece al dinero porque la energía adquiere valor solo cuando la conviertes en algo.

Considera por un momento en qué radica la importancia del dinero. No te lo puedes comer, no puedes conducirlo y no puedes vestirlo; pero si lo tienes, puedes cambiarlo por comida, transporte y vestido. La cantidad de dinero que tengas, a su vez, determina en buena medida el tipo de alimentos que puedes comer, el tipo de auto que puedes conducir, y dónde comprar tus jeans. Con tu energía ocurre lo mismo. Por sí misma, la energía es solo un *commodity* o producto básico hasta que la gastas en algo. En el negocio del perdón tú presupuestas nuevamente tu provisión de energía y tu capacidad de concentración, para usarlas en algo distinto a lo que te ocurrió en el pasado.

Si eres como yo, fácilmente puedes salirte de tu presupuesto y del camino. Cuando te sobrepases, no acabes con todo el presupuesto del resto del mes porque un fin de semana gastaste de más. Perdónate a ti mismo y vuelve al camino de nuevo. Mira bien en cuánto te sobrepasaste y por qué. Aprende lo que puedas, y sigue adelante con la esperanza de no repetir ese derroche.

Con el perdón también pasa lo mismo. Ocurrirán ciertas cosas que pueden distraerte y arrastrarte de nuevo a una situación que creías haber dominado. Tal vez encuentres agresores del pasado que no han cambiado y saben exactamente cómo sacarte de tus casillas. O puede ser que personas a las que has perdonado y con quienes has intentado reconstruir la confianza vuelvan a decepcionarte. Cuando te encuentres en una situación de esas, no vuelvas a las andadas ni recaigas en el abismo del rencor y la amargura. No, en lugar de eso, regresa al camino otra vez y recuérdate a ti mismo otras prioridades más merecedoras de tus pensamientos, tiempo y atención.

Ahora es el momento de decidir hacia dónde vas a redireccionar esa atención que utilizabas para mantener vivos el enojo y la frustración. Es el momento de crear algo más merecedor de tu atención y tu tiempo. Es el momento de alistarte para la próxima oportunidad que te espera a la vuelta de la esquina.

Energía desperdiciada

¿Recuerdas todo el petróleo que se derramó en el Golfo de México cuando explotó la plataforma petrolera *Deepwater Horizon*? No pasaba un día sin que nos inundaran con noticias de que el ecosistema estaba amenazado por el derrame de miles de galones de petróleo en el mar. Cada organismo que entró en contacto con las aguas del golfo, desde el más mínimo renacuajo hasta los habitantes humanos a lo largo de sus costas, sufrió el impacto potencialmente mortal. Incluso ahora, muchos científicos dicen que en el largo plazo habrá problemas causados por ese derrame masivo del contaminante petróleo crudo.

BP, monolítica corporación antes conocida como British Petroleum, fue atacada por toda la prensa hablada y escrita por haber permitido que semejante desperdicio de energía produjera el daño colateral de nuestras playas, flora y fauna, industria y turismo. Muchísimas vidas se perdieron. El ecosistema, apenas recuperándose y todavía frágil por los estragos causados por el Katrina, languideció en la devastación de una hemorragia de millones de barriles de energía desperdiciada que no pudo absorber. Aún ahora, mientras esos hábitats humanos y silvestres luchan por recuperarse una vez más, la enorme cantidad de energía desperdiciada en petróleo crudo y en recursos gastados para contener y detener el derrame, jamás podrá ser recuperada. De hecho, los expertos nos dicen que la colosal cantidad de energía desperdiciada para poner fin a esa debacle, en últimas acabó costando mucho más que el petróleo excretado por la brecha. Y, por supuesto, es imposible poner precio a la sanidad y bienestar de nuestros irreemplazables recursos naturales.

En forma parecida, cuando invertimos en restañar viejas heridas pero no permitimos que se curen, estamos invirtiendo nuestros recursos en una causa inútil. Como hemos visto, con nuestro rencor y negativa a perdonar mantenemos la herida abierta; pero nuestra propia energía desperdiciada no es solo una lamentable pérdida económica o de oportunidades: es un daño periférico. Imagina la desolación de la familia si mamá y papá no perdonan. Sabemos que a ellos les cuesta, pero lo que no sabemos es cuánto daño le hace su propio derrame emocional a su relación con sus hijos y con los hijos de sus hijos. La disfunción se desborda por generaciones y contamina la vida de innumerables personas si no se le pone coto de alguna manera.

Hoy día, sin embargo, el derrame de petróleo ya ha sido controlado y el crudo que apelmazó las plumas de los pájaros y causó la prematura muerte de tantos peces, ha vuelto a su apropiada y fructífera función de proveer energía. Su productividad mantiene en marcha el transporte, proporciona combustible para el funcionamiento de luces y maquinarias, para calefacción, y para tantas otras cosas; todo porque alguien puso coto al desperdicio y re-direccionó su pérdida hacia un propósito más noble.

El perdón pone coto a la fuga de tu propia energía y te capacita para que puedas detener el daño que te causa, minimizar el daño periférico que causa a otros y en últimas devolverte la infusión de energía negada a tus sueños por la emocional y físicamente agotadora fuga que tenía tu alma. Te desafío a que empieces un programa para la nueva energía y esfuerzos que ahora has ahorrado, a fin de que los re-direcciones hacia algo más digno de invertirle tu tiempo.

Ahora todos los "yo podría, haría o debería" han sido barridos y reemplazados por "¡yo puedo, hago y debo!" Ahora tu actitud positiva está dando bandazos hacia adelante como un auto antes ahogado que ha sido re-energizado. Esta es la parte más emocionante de nuestro viaje porque hemos dejado atrás lo que el apóstol Pablo llama el proceso de "olvidar las cosas que están atrás" pues ya estamos listos para entrar a la segunda etapa de "alcanzar las cosas que están adelante"!

Levantamiento de pesas

La pregunta es: ¿Qué harías si supieras que eres imparable? ¿Qué perseguirías si no tuvieras miedo? ¿Cuánto escalarías si ya no tuvieras que cargar ese peso? Estas preguntas enmarcan las imposibilidades-vueltas-oportunidades que te esperan ahora que has re-direccionado tu energía y decidido vivir sin el freno de tanto desperdicio.

Una señora con la que compartí esta declaración de independencia, alguna vez estuvo al borde del suicidio. Mientras ella se esforzaba por aceptar esa re-asignación de su energía, en una sesión de terapia le pedí que hiciera un ejercicio. La señora debía escribir sin restricciones la visión de lo que haría en los próximos diez años de su vida si no tuviera que vivir concentrada en lo que había padecido en el pasado.

Apenas llegó con su tarea a nuestra siguiente sesión, le leí en voz alta la lista de su visión y le pregunté, "¿Entonces qué le impide que esta vida sea realidad?". Tartamudeando un poco, me dijo: "Yo no pensaba que podría. Es, es sobrecogedor". Le respondí: "Antes no podía porque tenía una fuga de energía, pero ahora, que ya está restaurado el flujo de su energía, puede hacer algo".

El hecho de que levantemos las pesas de nuestro pasado no significa que no habrá ningún otro esfuerzo esperándonos. En algunos aspectos, todo esto es como un proceso de capacitación interdisciplinaria como la de los atletas que levantan pesas para fortalecerse en su deporte particular. Pueden ser corredores o bailarinas, futbolistas o beisbolistas estrella, pero saben que el entrenamiento con pesas los fortalece y pueden volver mejor preparados a concentrarse en su objetivo primario. Si practicamos el perdón, utilizamos los músculos que hemos desarrollado para volver al que todo el tiempo debió ser nuestro objetivo primario.

Muchas veces llegamos a estar tan cerca de salir adelante, tan cerca de cambiar realmente, que nos asustamos como si habiendo llegado a la cima de la montaña sin mirar hacia abajo, viéramos y nos pareciera que el vértigo nos haría caer en una espiral descendente. Creo que la última fase de dejar atrás nuestras heridas pasadas es darnos cuenta de lo que tuvimos todo el tiempo y perdonarnos por no haber elegido sanar antes.

Amor fraternal

Una de mis historias favoritas de la Biblia es la parábola del hijo pródigo (ver Lucas 15). En esa historia hay tres personajes principales: dos hermanos y su padre. El hermano menor había pedido al padre que le adelantara una herencia que tradicionalmente habría recibido solo después de muerto su progenitor.

Muchos de nosotros hemos oído de ese joven, pero quizás no hayamos visto que uno de los muchos mensajes de esta parábola es el valor de la paciencia y la espera hasta que hayamos madurado lo suficiente para manejar con tino lo que un día será nuestro. El hijo pródigo no estaba listo, y para la época de su prematura solicitud era tan inmaduro que cuando obtuvo lo que él pensaba que quería, lo despilfarró.

Cuando prematuramente echamos mano de las bendiciones que nos rodean, a menudo despilfarramos la oportunidad. El hijo menor derrochó su dinero en fiestas promiscuas y buscando mal llamados amigos solo para llegar al punto de verse forzado a rebajarse él mismo y sus propios estándares hasta que dejó de parecerse a lo que había sido y habría debido seguir siendo. Sus relaciones bajaron a un nivel tan alejado de las enseñanzas de su padre, literalmente más abajo que la panza de un cerdo en el fango, que finalmente empezó a reconocer su extrema miseria. Había pedido algo que no podía manejar, lo despilfarró y entonces se vio abrumado por una vida mucho más miserable de lo que jamás habría creído posible.

La moraleja del hijo pródigo parece estar clara como el cristal. Sin embargo, muchas personas no tienen en cuenta otro actor que es clave en la historia, alguien que nos da una lección igualmente vital para nuestro bienestar. El hermano del hijo pródigo, como hijo mayor responsable, se quedó en casa con su padre pero secretamente resentido por la relación de su hermano menor con el padre. El mayor jamás se acostó con rameras ni despilfarró la herencia de su padre; nunca dejó de ser juicioso y confiable ¿pero qué consiguió con eso?

Aunque más sosegado y no tan temerario como el del menor, el problema del hermano mayor resultó ser igualmente peligroso, pues porque se sintió ignorado y descuidado se dejó ganar por la amargura y el enojo. En consecuencia, cuando su hermano menor volvió a casa y su padre le hizo una fiesta de bienvenida nunca antes vista, el hermano mayor fue incapaz de participar. Había pasado días ensayando su frustración ¡y ahora debía perder su oportunidad en esa celebración!

Se sintió agraviado por la ingratitud de su hermano menor y la extravagante generosidad de su padre, sin darse cuenta de que él mismo nunca había apreciado las bendiciones que tenía al frente suyo. El pecado del hermano mayor no fue por comisión sino de omisión. El hermano menor se había ido, se creyó que había muerto, y cuando la familia se reunió de nuevo, el mayor se enfureció porque su padre había dado una fiesta espléndida para alguien que había evadido sus responsabilidades e irrespetado a los demás, y él se negó a celebrar a alguien cuyos pasados errores habían sido tan ruines.

Por consiguiente, permaneció alejado de la celebración hasta que el padre vino a hablarle y le dijo: "No debes añorar una celebración que tú habrías podido tener hace tiempo. Hijo, tú habrías podido tener una fiesta en cualquier momento. Todo lo que tengo es tuyo". La admonición de su padre fue un mensaje gentil pero también aleccionador. Básicamente le dijo que gastó su energía en guardar rencor y resentimiento contra su hermano, ¡si podía haber estado celebrando su propia vida todo el tiempo! La verdad es que las acciones de su hermano no habían sido obstáculo para su fiesta. ¡Fue su actitud hacia su hermano lo que obstaculizó su fiesta!

Es posible que de jóvenes todos nos relacionemos más fácilmente con el hijo pródigo que, además de joven, es tonto, aprende a las malas lo que significa crecer y también lo que es ser amado incondicionalmente. Pero a medida que envejecemos y maduramos (¡o al menos eso creemos!) a menudo nos pasamos a la manera de pensar del hermano mayor. No todos hacemos locuras y maldades, ni nos metemos en problemas y pecamos. Pero sí nos sentamos a juzgar a otros que están en esa etapa y nos amarga haber sido tan responsables y cumplidores de nuestro deber. En otras palabras, nuestra actitud es tan mala como la del hijo alocado, y tal vez peor ¡porque a menudo no lo reconocemos!

¿Cuántas veces nuestra actitud nos ha impedido maximizar nuestra vida por causa de opciones que otra persona haya tomado? Esta amorosa y dura reprimenda del padre al hermano mayor todavía aplica a los "yo habría podido hacer" de la vida. ¿Cuántas oportunidades se desperdician rezongando por las acciones de alguien sobre quien no tenemos control? Uno de los tantos mensajes que recibo de esta historia es el peligro de dejar escapar mis oportunidades por haber desperdiciado mi energía concentrado en lo que otra persona hizo.

Me pregunto lo qué tú "podrías haber hecho" con el tiempo y la energía que desperdiciaste, como el petróleo que inundó al golfo, por compararte con otra persona. ¿Cuántas oportunidades fueron envenenadas por esa energía desperdiciada? ¿Cuántas oportunidades oscurecidas por la tenebrosa película de tu actitud rencorosa? Quizás esta sea la última área en la cual necesites perdonar a otros y también a ti mismo.

Si vamos a estar listos para lo que sigue, para la próxima bendición, el próximo don de Dios, la próxima oportunidad maravillosa, entonces no podemos comparar nuestro viaje con el de nadie más. No podemos albergar resentimiento por la gracia y misericordia derramada sobre cualquier otra persona, ni alzar mucho el paraguas de nuestra superioridad moral para mantenernos secos porque pensemos que somos mucho mejores que esa otra persona. No, la misma gracia y bondad, han sido nuestras desde el principio, ¡y seguirán siéndolo!

Tesón

Ahora que has reparado la fuga y recuperado tu objetivo, debes planificar. Tu experiencia no es un fracaso sino una oportunidad de aprendizaje que ahora tendría que ayudarte a determinar lo que es el mejor y más elevado uso para tu tiempo y energía, y aquello que no lo es. ¡Con tus experiencias de vida seguro has adquirido una alta eficiencia energética! Ahora, tú ahorras energía y no la gastas en algo improductivo para ti, para poder emplearla en lo que te sirva para conseguir lo que te propones.

Para determinar el mejor uso que puedes darle, debes buscar pistas en tu destino. Tu destino jamás estará atado a lo que hayas perdido y siempre estará conectado a lo que sea que te haya quedado, todos los recursos internos y externos que hayas conservado. Acceder a lo que tienes es mucho mejor que penar por lo que hayas perdido. Haz un inventario de la sabiduría, la experiencia y la percepción que has ganado. Esas perlas son valiosas porque nacieron de las experiencias que has acumulado, son tan exclusivas y personales como tus huellas dactilares, te pertenecen y nadie podrá quitártelas jamás.

Como una ostra que recubre con calcio un grano de arena incrustado en la carne del interior de su concha, tus irritaciones son tus perlas. Lo que alguna vez fue una herida, ahora es sabiduría que no habrías obtenido de otra manera. Son perlas duramente ganadas que no volverás a tirar a los cerdos. A medida que vayas determinando el valor de lo que tienes, también irás aprendiendo quiénes son dignos o no de recibir esa gran inversión. Ser lo que eres te costó algo. Como un buscador de tesoros que escudriña el suelo marino, bucea tus perlas para descubrir el precioso regalo que te está esperando.

Si sigues buscando, verás que en ti hay más que lo que has ganado en las luchas que has sostenido; también está el tesoro escondido de tu verdadera identidad y tus dotes personales. Tu lucha pasada es señal de que tenías un valor antes de tus penosas experiencias. Tu adversario no te atacaría si no tuvieras un valor. A menudo digo, rara vez se escucha que a una indigente le hayan robado. ¿Por qué? Primero, porque el ladrón solamente roba a las personas que tengan algo que valga la pena quitarles. Lo que te ocurrió es un signo de lo que poseías antes de que surgiera el problema. Debes volver a ese momento y valorar lo que llevas por dentro. Ninguno de nosotros llega a esta vida sin un tesoro escondido en su interior.

Ceremonia de graduación

No utilizarías un computador para mantener abierta una puerta aunque tuviera el peso necesario para hacerlo. No lo harías porque eso sería subutilizar el computador y prefieres guardar su energía, impacto y potencial para un uso más apropiado. Si entiendes esta comparación, entonces por favor entiende que tú tienes la capacidad para hacer mucho más que lamentarte por el pasado y languidecer en la desesperanza de tus injusticias. Tú tienes un llamado más alto, un propósito más noble. Y más que todo, tienes un potencial que jamás debe ser subutilizado.

Para poder llegar a un lugar mejor, posiblemente debas cambiar tus relaciones y volverlas más coherentes con tu lugar de destino. Tal vez tengas que mejorar algunas destrezas para llevarlas a un status comercializable. O posiblemente debas usar esta nueva energía para aprovechar la sabiduría y enseñar a otros cómo evitar zanjas similares en la vida. Con cualquiera de esas opciones darás un mejor uso a tu tiempo: todas restablecen la vida y facilitan la energía en lugar de drenarlas.

Quizás en lugar de estar pensando en quien te abandonó o traicionó, ya sea tiempo de celebrar con los que siempre te acompañaron. Tus partidarios y animadores merecen una celebración, es importante mostrarles tu reconocimiento y aprecio. Tal vez debas llamar a quien sea la persona de la cual Dios se valió para cuidarte y decirle que ya no estás en la lista de pacientes en estado crítico y que ahora puedes navegar mejor que antes. ¡Invítalos a cenar! O celebra de alguna manera la transición que ha habido de la enfermedad y lesiones del pasado a la salud y bienestar del presente.

Las celebraciones nos ayudan a marcar el cierre de una temporada e invitar a la próxima. Por eso es que mis amigos judíos celebran el bar mitzvah. Por eso es que los cristianos tenemos el bautizo. Hay que celebrar los cumpleaños, las bodas y los nuevos bebés. Las ceremonias de esa naturaleza a menudo son el rito para un paso. Y para aquellos que han vencido obstáculos emocionales y espirituales tan grandes, ¡la celebración se convierte en una ceremonia de graduación! Cuando has sobrepasado un gran obstáculo, es apropiado celebrarlo.

No te dejes disuadir por los aguafiestas, los críticos o los alocados, porque el precio de tu petróleo seguirá siendo el mismo aunque ellos no vean el valor de lo que has hecho. Ahora debes entender que quienes no celebren contigo tu crecimiento tal vez sean los que necesitan que permanezcas afligido para asegurar su importancia en tu vida. O lo que sería peor aún, puede ser que estén celosos porque has sobrevivido o mejorado. ¡La gente sana da la bienvenida a tu curación y apoya tu crecimiento!

Tal como las ceremonias de graduación, que en inglés se denominan *commencement exercises* porque vienen a ser lo mismo que un paso en el futuro, un inicio, quiero dejarte una última tarea. Usando tu energía recién restaurada y acumulada, quiero que reinviertas el producto básico que es el poder de esa energía, en una nueva dirección. ¿Considerarías hacer una lista, no importa si es larga o corta, de tus planes para seguir adelante? Se necesita un mapa visual o una guía escrita que empiece donde estás ahora, no en el sitio de donde vienes, para ayudar a guiarte hacia el sitio al que quieres llegar.

En mi iglesia lo hemos hecho, con resultados asombrosos. Pedí a mis feligreses escribir una visión de dónde querían estar, o de los cambios que deseaban hacer en los meses venideros. Ellos la escribieron el 29 de diciembre y yo les devolví el sobre que habían dirigido a su nombre, más o menos en mayo. Lo hice para que vieran cuánto se habían acercado a donde querían estar. También hice lo mismo a principios de año en caso de que se hubieran desviado de su camino, porque de ser así, tendrían tiempo de rectificar el rumbo antes de que terminara el año.

Pensé que a lo mejor se olvidarían de nuestro pequeño ejercicio, pero cuanto más se acercaba la fecha, más frecuentes se volvieron sus pesquisas. ¿Cuándo nos va a enviar la lista? La sola pregunta ya era una señal de que todavía estaban pensando en su compromiso con ellos mismos. Tal vez a ti te sirva comprometerte a permanecer libre de la contaminación de la energía desperdiciada y a lo mejor te sientas más inspirado si tienes una línea de tiempo que te ayude a programar lo que antes no podías hacer por tener tu energía ocupada en otros menesteres. Me entusiasma pensar en qué será lo que vas a hacer.

Mientras nos preparamos para concluir nuestra discusión sobre el perdón y su esencial fuerza para dar vida, te dejo con este pensamiento: quienquiera que haya dicho que la oportunidad solo toca una vez a la puerta, seguramente murió joven. Si vives lo suficiente, descubrirás que la vida da segundas y terceras y cuartas oportunidades. Aprenderás que el amor llega más de una vez a quienes están abiertos a recibirlo. Si vives lo suficiente, verás a la gente quebrar y volver a reponerse económicamente.

He visto a personas sin hogar convertirse en propietarias después de haber perdido su primera casa y haberse preguntado si alguna vez volverían a tener los recursos para ser propietarios de nuevo. He visto a gente divorciada enamorarse de nuevo. He vivido lo suficiente para ver hijos díscolos madurar y cambiar su perspectiva. He visto al ignorante obtener notas altas ¡y a presos convertirse en pasantes!

Verás, si estás abierto y dispuesto, la oportunidad sí golpea más de una vez. Y cuando la tuya golpee, como yo sé que lo hará, abre la puerta y dale esta bienvenida tan alto como puedas: "¡Estoy listo para lo que venga ahora!". Ya que has recuperado tu objetivo, fija tu rumbo y aprovecha tu recién conservada energía para desenterrar el tesoro que llevas por dentro y usarlo en beneficio de aquellos dignos de su inversión. Descarga el peso que has llevado para que puedas manejar las bendiciones que esperan tu abrazo. ¿Acaso no es tiempo ya de que aceptes la invitación a bailar que tu destino te extiende?

Conclusión

Multiplicación del perdón

¿Qué le dirías a alguien que a todas partes lleva un regalo primorosamente empacado pero nunca lo abre? Si el perdón, como hemos visto, es el regalo que te das a ti mismo, entonces espero que lo hayas desempacado y empezado a usarlo al máximo. De mi experiencia como pastor, empresario y observador de pueblos diversos, me atrevo a asegurar que el perdón es el aspecto más subutilizado en el proceso de maduración de un adulto. A menudo las personas tienen el concepto de que el perdón es importante, pero lo reservan para unos pocos momentos de oración en la iglesia o un compromiso aceptado a regañadientes alrededor de una mesa de junta directiva o una disculpa presentada de rapidez a un ser querido.

Ellos no se dan cuenta de que perdonar es un verbo. Demasiado a menudo nos olvidamos de que debemos vivir con un corazón abierto al perdón cada mañana, desde que nos despertamos, para enfrentar el nuevo día que nos espera. Nos encontramos encerrados en un claustrofóbico espacio emocional cuyas paredes se ciernen amenazadoras sobre nosotros, sin tener en cuenta el hecho de que nosotros tenemos la llave para abrir la salida a un pasaje seguro. Para poder poner en práctica la creativa acción del perdón debes deshacerte de los grilletes de la negativa a perdonar y luego extender esa misma libertad a los que están encarcelados a tu alrededor.

Vivir en la libertad del perdón a veces requerirá de que seas innovador en su ejecución. Como hemos visto, debes olvidarte del enojo y otras emociones reaccionarias y concentrarte en el cuadro más grande que es la asignación divina. Este proceso usualmente requiere que demos un paso atrás de nuestro ego y dejemos de tomar las ofensas en forma tan personal. A menudo tendremos que renunciar a nuestro orgullo y reemplazarlo con un mayor sentido de nuestro propósito. Permíteme ilustrar esto, literalmente, con el ejemplo de un amigo mío.

Graffitis

Tengo un buen amigo que trabaja en bienes raíces y a menudo invierte en vecindarios venidos a menos y edificios de oficinas abandonados en el centro de la ciudad. Aunque le encanta ser parte de todo el proceso de restauración y ver un edificio decadente y deteriorado retornar a su antigua gloria, me dice que en esas renovaciones surgen retos muy singulares. Una de esas historias en particular, me dejó una impresión indeleble.

Mi amigo compró una bodega abandonada, donde había funcionado una empacadora de carne, en una zona cercana a la orilla del lago en el centro de Chicago. El enorme y tenebroso edificio no había sido usado en décadas y necesitaría cuidados intensivos para garantizar su estabilidad y seguridad así como atención estética para convertirlo en la serie de oficinas y apartamentos tipo *loft* que mi amigo inversionista había imaginado.

Una pared del edificio de seis pisos colindaba con un antiguo lote de estacionamiento vacío, invadido por la maleza y montones de botellas vacías, periódicos viejos y otros desechos. Apenas empezaron los trabajos en el interior del edificio, mi amigo hizo fregar y lavar a presión esa pared exterior, y también la pintaron.

Una semana después de haberla pintado, la pared lucía impoluta y tan fresca como una sábana limpia en una cuerda de tender ropa, cuando mi amigo descubrió horrorizado que había sido marcada por artistas del graffiti. Al parecer, el impecable muro de ladrillo blanqueado había resultado ser un lienzo demasiado tentador para la pandilla del vecindario. A un alto costo, mi amigo hizo fregar el graffiti hasta quitarlo y la pared fue pintada de nuevo.

Sin embargo, una semana después llegó al edificio y encontró toda la pared de seis pisos de su nueva inversión cubierta por letras y símbolos en colores todavía más brillantes. Sintiéndose ultrajado, e indignado, esta vez llamó a la policía y de nuevo hizo limpiar y pintar toda la pared. Pensó contratar vigilancia nocturna pero sabía que no podría permitirse ese gasto permanente, especialmente para evitar que un grupo de adolescentes pintara la pared con atomizadores. Y ya habrás imaginado, como yo, lo que ocurrió: en menos de una semana, la pared limpia estaba cubierta con el doble de graffitis que antes.

Mi amigo sintió que su furia por algo que muchos considerarían relativamente trivial en el orden del universo, realmente era una idiotez. Los policías habían diligenciado un informe, pero básicamente su reacción fue encogerse de hombros como indicando que todo eso era parte del territorio fronterizo en la renovación urbana de la cual ahora era pionero mi amigo. Pero él rehusó aceptar esa posición y se dedicó a pensar qué podría hacer para remediar el problema, pues sabía que ningún inquilino o residente se sentiría seguro si la mitad de su edificio estaba pintarrajeado con símbolos de pandillas y obscenidades.

Dos noches más tarde, se despertó a medianoche con una inspiración divina o la idea más loca que jamás se le hubiera ocurrido ¡o quizás ambas cosas! Y, al día siguiente, contrató a un pintor de avisos para que adornara esa pared del edificio con un mensaje y el número del teléfono de su oficina. Su mensaje era simple: SE NECESITA ARTISTA LOCAL PARA PINTAR MURAL EN ESTA PARED. SE SUMINISTRARÁN INSUMOS, PAGO A NEGOCIAR SEGÚN EXPERIENCIA, y su número telefónico. En dos días se presentaron más de treinta aspirantes para discutir la oportunidad. Mi amigo se reunió con cada uno de ellos y acabó contratando no a los más experimentados y ni siquiera a los más talentosos de los artistas que se presentaron, sino a los más jóvenes y con menos experiencia profesional.

Hizo que los tres muchachos le presentaran un boceto de lo que ellos querían pintar, el cual aprobó, y luego compró la pintura, los atomizadores y brochas para que empezaran. Dos semanas más tarde ese lado del edificio parecía salido del Museo de Arte Moderno, un lienzo gigantesco cubierto con un abstracto ensueño urbano de imágenes, palabras y siluetas humanas. Era increíblemente hermoso y de inmediato se convirtió en la atracción del vecindario. En muy poco tiempo mi amigo negoció todos los locales y apartamentos y hasta tuvo una larga lista de gente en espera, interesada en trabajar o vivir en esta nueva obra de arte. Impresionados por el excelente trabajo realizado con ese mural, otros propietarios contrataron a los tres noveles artistas para que pintaran otros edificios en el vecindario.

Setenta veces siete

Mi amigo aceptó la realidad de aquella situación y encontró la manera de convertir la mancha del graffiti callejero en una rutilante obra arte. En lugar de alimentar la animadversión de la situación y contribuir a su ciclo de estéril inutilidad, este innovador inversionista miró los hechos desde otra perspectiva y descubrió una manera de re-considerar, re-mirar y re-enfocar la ofensa inscrita en su propiedad. Se dio cuenta de que podría gastarse miles de dólares en re-fregar, pintar y re-pintar, y en pagar vigilancia en el intento de controlar la situación y garantizar que la pared de su preciado edificio permaneciera en blanco. O podía acoger la ofensa como una oportunidad para innovar. Al deshacerse de su enojo y hostilidad, él mismo creció y pudo crear un jardín exuberante de lo que parecía ser un reseco desierto.

Casi a diario, debemos afrontar retos iguales al de mi amigo. A lo largo de nuestra vida, las acumuladas ofensas de otros eventualmente empezarían a abarrotar nuestra alma como graffiti pintado en las paredes de un edificio abandonado. El proceso del perdón sigue siendo una obra de arte en curso que debemos seguir cultivando y produciendo si queremos ser los seres humanos vibrantes, creativos y equilibrados que Dios creó.

Más atrás en esta exploración que hemos realizado juntos, por allá en el Capítulo Diez, estudiamos lo que realmente estamos pidiendo cuando pronunciamos las palabras de la Oración del Señor: "Perdona nuestras ofensas como nosotros perdonamos a los que nos ofenden". Vimos la parábola del malvado sirviente que le rogó a su amo aliviarle la carga de la enorme deuda que le tenía, y apenas obtuvo lo que pidió se fue a atormentar sin misericordia a quien le debía a él una cantidad mucho menor. Tal vez hayas oído la pregunta que precipitó esta parábola. Y la respuesta que Jesús le dio inicialmente fue tan desconcertante para quienes lo escuchaban que Él desempacó esta otra parábola para ilustrar gráficamente lo que estaba diciendo.

Pensando en la ley judía, Pedro, uno de sus discípulos, le había preguntado a Jesús: "Señor, ¿cuántas veces debo perdonar las ofensas que me haga mi hermano? ¿Hasta siete veces?" (Mateo 18:21, NIV). Es claro que en aquella época se reforzaba el proceso del perdón a través de la repetición, y siete veces era la norma de restauración personal y legal. Sin embargo, Jesús le lanzó a todos una bola curva al responder: "No te digo hasta siete veces, sino hasta setenta veces siete" (Mateo 18:22, NIV). Para algunas personas podría ser tentador ver esta respuesta de Jesús como una solución matemática, definitiva, al tema del perdón. Sin embargo, como lo hemos visto repetidamente, la manera de procesar las ofensas y luego aferrarnos a ellas con rencor o dejarlas atrás con el perdón no es una ecuación algebraica con claras variables y una clara solución predeterminada que puedas encontrar en las últimas páginas del libro de texto para verificar si tu respuesta es correcta.

Creo que cuando Jesús nos dice que debemos perdonar setenta veces siete a quienes nos ofenden está utilizando una hipérbole o herramienta retórica de exageración, para enfatizar su punto. Y seguido por la parábola del sirviente malvado, ese punto parece quedar perfectamente ilustrado: si realmente recibimos el don de la misericordia divina por una deuda que jamás podremos siquiera empezar a pagar, entonces nuestros corazones practicarán constantemente perdonando a aquellos que nos lastimen, ofendan o maltraten. El perdón es el regalo que sigue regalando, tanto a ti porque libera tu alma de la carga de tantas emociones corrosivas y destructoras, como a las otras personas porque refleja un reluciente rayo del amor incondicional de Dios por ellas a través de la forma en que tú las estás tratando. A menudo la forma de multiplicar la misericordia es a través de las acciones que tomamos para demostrar nuestra libertad interior.

Cámara, ¡acción!

Como ya lo he mencionado, en los últimos años he tenido el privilegio de coproducir y participar en la filmación de varias películas. Ha sido una experiencia que me ha abierto los ojos a muchos niveles, pero lo más sorprendente para mí fue toda la preparación que hay tras la toma de una escena que en la edición final de la película puede durar apenas unos minutos o incluso segundos. Te sorprendería saber todos los días, y a veces semanas, que puede tomar la realización de un tramo de treinta segundos en la pantalla del cine.

He estado en los sets, en la periferia de la escena, con el director y los miembros del elenco y a menudo el proceso incluye una gran cantidad de apúrense-y-esperen. Todo el mundo se da prisa para asegurarse de que sus respectivas responsabilidades —luces, maquillaje, vestuario, utilería y demás— estén perfectas para que cuando el director grite "Cámara, ¡acción!", y las cámaras empiecen a rodar, ellos puedan estar tranquilos sabiendo que han hecho su parte.

Parte de la paz que trae consigo la acción de perdonar a otros, así como la de ser perdonados, es la confiada seguridad de saber que has hecho todo lo que estuvo a tu alcance. Ahora que estamos terminando nuestro viaje a lo largo de estas páginas, te recomiendo invertir algún tiempo en orar y reflexionar sobre tu papel y las acciones que puedas tomar en este momento. Tal vez tener esa conversación que has venido posponiendo y simplemente decirle a alguien la verdad sobre lo que tú sientes y lo que parece ser el perdón.

Tal vez necesites escribir una carta y enviarla a alguien que ya no se encuentra dentro de tu círculo inmediato de amigos y conocidos. Una llamada por hacer, un regalo que ofrecer, hasta una indemnización que proponer o, si te es ofrecida, finalmente aceptar.

Si verdaderamente quieres experimentar tu vida al siguiente nivel, debes encargarte de tus asuntos inconclusos y estar dispuesto a buscarles solución. Debes estar dispuesto a tomar las acciones que requiere el perdón y también a integrar en tu vida esta nueva libertad de espíritu. Y no será fácil, pero será infinitamente más productivo, satisfactorio y efectivo, que aferrarte al bloqueo que durante tanto tiempo ha drenado toda tu energía y ocupado tus pensamientos. El rencor, el enojo y el resentimiento son malos inquilinos y jamás pagan la renta. Es tiempo de desalojarlos de tu corazón y abrirte al limpio, acogedor y creativo espacio interior que ahora tú puedes ocupar, y disfrutar tu propia vida.

Amigo mío, jamás puedes olvidarte de perdonar. ¡Tu vida depende de que lo hagas! ¡Es tiempo de desempacar ese regalo que has estado llevando por todas partes!

Agradecimientos

Mi pasión por el mensaje de *El poder del perdón* fue acogida y apoyada con gran calidez por muchas personas que en todo lo que hacen ponen de manifiesto la fuerza que conlleva perdonar y ser perdonadas. Este libro es mejor por la contribución de cada una de ellas y yo se las agradezco inmensamente.

Tengo un infinito agradecimiento para con mi familia de Atria Books por sus apasionados esfuerzos por hacer este libro más grande y mejor de lo que ninguno de nosotros soñó. Estoy en deuda con Judith Curr, Carolyn Reidy, Gary Urda, Yona Deshommes, Hillary Tisman, Todd Hunter, Chris Lloreda y Lisa Keim por ayudarme a llevar este mensaje tan necesitado al siguiente nivel. Gracias, Michael Selleck y Liz Perl por todo su arduo trabajo en favor de este proyecto. También estoy muy agradecido con Sue Fleming por su participación.

Me siento en deuda con Malaika Adero por su percepción, paciencia y discernimiento editorial de estas páginas. ¡También le agradezco todas las veces que me ha perdonado por pronunciar mal su nombre! Y me gustaría dar las gracias a Kelly Sedgwick y Regina Lewis por su investigación y promoción de este trabajo de amor. Dudley Delffs compartió conmigo su sabiduría literaria y experiencia editorial y me ayudó a expresar mi forma original. Gracias, Dudley.

Jan Miller y Shannon Marven, de Dupree Miller & Associates, siguen maravillándome con su incansable y apasionada dedicación. Tengo una gratitud infinita por todos sus esfuerzos para ayudarme a difundir mi mensaje con excelencia, vigor y emoción. No se imaginan, Jan y Shannon, cuánto los aprecio a ustedes y a su equipo.

Todo el conocimiento que tengo para compartir acerca del tema del perdón ha sido forjado en el crisol de mis experiencias con mi afectuosa familia. Mi preciosa Serita, mi esposa, sigue perdonándome, amándome y animándome en formas que reflejan la gracia de Dios, todos los días. Mis hijos me han enseñado lo que significa perdonar y ser perdonado, en formas que jamás hubiera esperado. A mi esposa y mis hijos, gracias por reconfortarme y resguardarme con todo su amor, por dejar atrás las ofensas y aferrarse a las alegrías que compartimos.